돈이 되는 대화법

이현정 지음

돈이 되는 대화법

초판 1쇄 | 2015년 9월 30일

지은이 | 이현정
펴낸이 | 이금석
기획 · 편집 | 박수진
디자인 | 김현진
마케팅 | 곽순식
물류지원 | 현란
펴낸곳 | 도서출판 무한
등록일 | 1993년 4월 2일
등록번호 | 제3-468호
주소 | 서울 마포구 서교동 469-19
전화 | 02)322-6144
팩스 | 02)325-6143
홈페이지 | www.muhan-book.co.kr
e-mail | muhanbook7@naver.com

가격 13,500원
ISBN 978-89-5601-392-3 (03320)

성공으로 이끄는 네트워크 비즈니스 스피치

돈이 되는
대화법

이현정 지음

무한

네트워크 마케팅 사업에 대한 안목이 제대로 서있지 않은 우리에게는 많은 오해와 굴곡이 남아있다. 나 역시 정통과 불법을 가려내는 지침을 많이 말하고 있는데, 그런 만큼 우리는 혼란스러운 사회에 살고 있다는 말이 된다. 일도 갖고 인생의 낙도 찾을 수 있는 네트워크 마케팅 사업을 추천한지 오래다. 네트워크 마케팅 사업에 대한 올바른 방향 모색을 위해 강의를 하면서 체계적인 교육시스템을 구축하고 있다.

이에 커뮤니케이션의 중요성을 알리는 이현정 박사의 강의를 책으로 엮어 나온 것을 환영한다. 특히 21세기 인류의 삶에 있어서 스피치로 연결되는 커뮤니케이션은 그 중요도가 더욱 커지고 있다. 그 중에서도 가장 그 빛을 발하는 영역은 네트워크 마케팅 분야이다.

오랫동안 스피치 커뮤니케이션에 대한 책과 강의를 해온 이현정 박사는 이번에는 네트워크 비즈니스를 위한 『돈이 되는 대화법』이라는 맞춤형 책을 선보이게 되었다. 실로 반가운 일이며 우리 사회에서도 영역별 맞춤 교육에 관심이 생기는 것에 대한 가능성을 엿보게 되었다. 이 책으로 인해 많은 사람들이 포기하지 않고, 끝까지 열정을 가동시키며 원하는 목표에 달성하기 바란다.

— 이영권

비즈니스 세계에서 고정관념, 선입견, 편견, 자기 고집 등은 성공으로 가는데 최고의 장벽이다. 비즈니스 세계는 사회에 첫발을 내딛는 순간부터 시작이다. 입사 면접에서부터 입지를 넓히기 위한 과정, 성공으로 가는 터닝포인트 등 수많은 경험과 장애물을 만나게 되는 것이 비즈니스 세계다.

특히 네트워크 비즈니스를 하는 사람들은 화석처럼 굳어 있는 부정적인 선입견과 편견 때문에 어려움을 겪는다. 기존의 오해와 잘못된 인식이 사람의 마음을 닫아놓기 때문이다. 그 벽을 깬다는 것 자체가 성공으로 가는 한 걸음이라고 할 정도로 우리 사회에서 네트워크 비즈니스에 대한 오해는 크다. 더구나 미등록된 무분별한 다단계 상업행위 때문에 많은 피해가 속출하고 있고, 심심찮게 뉴스거리로 떠오르기 때문에 그 오해는 쉽게 사그라지지 않을 것 같다.

그러나 많은 사람들이 네트워크 비즈니스에서 성공을 하고 있고, 관심도 함께 커가고 있다. 더욱더 많은 사람들이 열정을 불태우는 것도 바로 이러한 점 때문일지 모른다. 회사 자체의 인식 변화를 위한 노력, 그 안에서 열정적으로 자신을 키워나가는 한 사람 한 사람이 있어서 이 분야는 계속 성장하고 있다.

세상의 룰이 바뀌고 경제관념도 변하면서 취업과 직업에 대한 인식도 크고 넓어졌다. 세계가 더 가까워지고 사람 간의 교류가 직간접적으로 활발해졌다. 이럴 때 꽃피우게 되는 것이 네트워크 비즈니스 (네트워크 마케팅사업)이다. 이미 각국에서의 성공사례는 수십 년 동안 이루어진 것들로 무수히 많을 뿐만 아니라, 국제적으로 공인된 합법 적인 사업형태로 서 있다.

그럼에도 불구하고 이 일은 주변의 왜곡된 정보와 따가운 시선 때문에 누구나 할 수 있는 일이지만, 그렇다고 아무나 할 수 있는 일도 아니다. 요행을 바라거나 일확천금을 바라면 분명히 실망할 확률도 높다. 네트워크 비즈니스에서의 시스템을 익히고 활용해서 자신의 것으로 만드는 것이 성공의 비법이다.

서구의 미래학자나 경제학자들은 저마다 네트워크 비즈니스, 네트워크 마케팅사업에 투자하라고 거침없이 일갈하고 있다. 오히려 대기업에서는 네트워크 비즈니스 형태의 조직군단을 만들어가고 있는 추세에 있다. 그러면서도 모든 것은 '내가 만들어간다'의 철칙으로 이루어지는 시스템이다. 내가 한 만큼 돌아오는 철저히 정직한 사업이다. 그래서 평등하다.

더구나 저출산 고령화시대로 진입하면서 많은 일자리가 불균형적이고 실업률에 대한 공백도 커져가고 있다. 연령과 상관없이, 학력과 상관없이 일할 수 있는 마당이 필요한 때다. 이럴 때에 네트워크 비즈니스는 시대적 요청에 부합하는 직업군으로 부상하기에 충분하다.

중요한 것은 네트워크 비즈니스에 대한 인식과 교육, 그리고 이에 따른 자신의 역량 강화를 위한 교육과 훈련, 끊임없는 노력 등이다. 따라서 여러 자기계발을 위한 항목들을 크게 아우를 수 있는 스피치 커뮤니케이션을 강조하고자 한다. 아무리 아름다운 구슬이라도 꿰어지지 않으면 제 기능을 발휘하지 못하듯이, 연결고리를 만들지 않으면 제각기 돌아다니는 모래알일 뿐이다. 바로 이 연결고리가 커뮤니케이션이다. 또한 커뮤니케이션을 굳건히 하기 위해서는 스피치라는 소도구가 반드시 필요하다.

이 책은 단순히 '말을 잘하자'라는 차원의 스피치 자기계발서가 아니다. 네트워크 비즈니스 사업가는 물론이고, 청중 앞에 서면 머릿속이 하얘지는 분, 논리적이고 설득력 있게 말하고 싶은 분, 내성적인 성격으로 표현하는 것이 어려운 분, 이 밖에 자신의 자리에서 열정을 뿜어낼 분 또는 여러 서비스업에 종사하는 분이나 영업직, 그 외 사람을 대하는 직업군에서 일하는 분들을 위해 도움을 주고자 만든 스피치 커뮤니케이션 교육서다.

— 이현정

목차

3장 유쾌하게 승리하는 대화법

4장 원하는 것을 더 많이 얻어내는 대화법

5장 나를 더욱 빛나게 해주는 스피치 훈련법

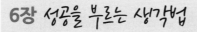

6장 성공을 부르는 생각법

7장 상품보다 마케팅이 더 중요한 이유

네트워크 마케팅(Network Marketing) 혹은 네트워크 비즈니스(Network Business)란?

네트워크 마케팅(비즈니스)은 기존의 중간 유통단계(관리비, 광고비) 등의 비용을 없애고 직접 소비자에게 제품을 공급하여 회사 수익의 일부를 소비자 즉, 1인 사업가에게 환원하여 주는 시스템이다. 그래서 그 1인 사업가를 생산자(producer)+소비자(consumer)를 지칭하는 '프로슈머(prosumer)'라고도 한다.

이 사업을 위해서는, 합법적인 마케팅 회사인지 반드시 확인해볼 필요가 있다. 어느 국가에 본사를 두고 있으며 본국의 직접판매협회의 회원사인지의 여부, 국내 진출 시기, 한국에서 직접판매공제조합 회원사가 되었는지 여부도 확인해야 한다. 글로벌 네트워크 마케팅이라면 주로 어느 국가들에서 이루어지고 있는지도 알아두면 그 회사의 역량을 짐작할 수 있다. 그리고 글로벌 네트워크 마케팅 회사의 한국지사장이 본국인인지 한국인인지도 꼼꼼히 따져볼 필요가 있다.

그리고 창업자의 성실성과 재정 상태, 사업의 의도와 취지 등을 알아야 하며, 그 회사에서 나오는 제품의 우수성 등을 정확히 파악해야 한다. 그리고 모두가 사업자들로서 어떠한 인센티브를 받을 수 있는지, 보상 플랜은 어떠한 방법인지도 매우 중요하다.

이처럼 네트워크 마케팅은 기존의 사회에 물의를 일으키거나 사람들을 현혹시켜 불량품을 강매해 혼란을 일으켰던 다단계, 피라미드와는 전혀 다르다. 요즘엔 대학에서도 네트워크 마케팅학과가 별도로 생겨날 정도로 그 의미를 제대로 알려고 하는 추세다. 그리고 이런 선진적 시스템구조로 인해 많은 기업에서나 지자체에서도 이 구조를 벤치마킹하여 자체 재원 조달에 있어 융통성을 발휘하고 있기도 하다.

네트워크 마케팅에는 1인 CEO인 동시에 홍보인, 광고인, 영업인, 판매인, 상담 및 소개자로서 시간과 공간을 자유롭게 활용하면서 마음껏 부를 확대시켜 나갈 수 있는 매력이 숨어있다. 따라서 많은 사람들을 만나야 하며, 만나서 자신의 역량을 키워나가고 긍정적인 대화를 이어나가야 한다. 그러한 능력을 꽃피우기 위한 노력과 인내심, 강인함, 자신감 등을 갖춰야 함도 잊지 말아야 한다.

Part 01

꿈을
현실로 만드는
대화연금술

01

세 개의
굴을 파라

21세기에 사는 현대인이라면 최소한의 무기가 필요하다. 그러나 불행하게도 몸은 현대를 살아가면서도 머릿속 이념은 조선시대의 DNA로 가득 찬 사람들이 많다. 이런 사람들은 변화에 적응하지 못하고 과거만을 곱씹고, 남에 대한 비난과 비평, 자신에 대한 한탄에 능숙하다. 이제는 그러한 것을 과감히 깨부수고 쇄신하는 자세가 필요하다.

통상 현대인의 필수 무기로 3가지를 꼽는데, 첫째는 핵무기다. 이는 개인이 어떻게 할 수 없는 사항이며 국가 간의 예민한 사항이라, 그저 중요도가 높다는 의미로 꼽는다.

둘째는 컴퓨터 능력이다. 일상의 모든 일들이 컴퓨터와 연결된 세상에서 살고 있다. 이는 공기와 같은 존재로서 누구나 장착해야 할 필수 기술이 되고 있다.

셋째는 스피치 능력이다. 사람과 사람이 만나 생활하고, 함께 일을 하면서 역사를 만들어나간다. 사람만이 할 수 있는 '말'이라는 것은 저절로 이루어지지 않는다. 어떻게, 어떤 말을, 언제, 시의적절하게 하느냐에 따라 그 사람의 운명이 바뀌기도 한다. 따라서 말은 기술이자 능력이며 나를 보여주는 도구이기도 한 최상의 예술행위이다.

『사기(史記)』 '맹상군열전(孟嘗君列傳)'에 풍환의 이야기가 나온다. 전국시대 제(齊)나라 맹상군의 아버지는 제나라 선왕의 이복동생으로 설(薛, 지금의 산동성 등주) 땅에 영지를 가지고 있었다. 그는 누구든 한 가지의 재주만 있으면 식객으로서 거둬 먹이며 그들이 잘 지낼 수 있도록 보살폈다. 이 소문에 수천 명의 사람들이 모여들어 함께 살았다.

그러던 중 풍환(馮驩)이라는 가난한 사람이 찾아왔다. 별 뚜렷한 재주가 없는 풍환은 하급 숙소에 배정받았다. 그러나 당당한 풍환은 계속해서 자기를 잘 대해주지 않는다며 투덜대는 노래를 불렀다. 맹상군은 그 노래가 지겨워 고급 숙소에 재웠다. 어느 날 맹상군은 뚜렷한 재주가 보이지 않고 밥만 축내는 것으로 보이는 풍환에게 심부름을 시켰다. 언젠가 설 땅의 백성에게 맹상군이 빌려준 돈을 풍환에게 다시 받아오라는 명령이었다.

풍환은 설 땅으로 가서 일단 부채가 있는 자들을 한자리로 불러 모았다. 그런 후, 가난하여 이자를 낼 수 없는 자들의 차용증서를 받아서 불태우고는 모든 것을 맹상군의 자비심으로 돌렸다. 그러자 그곳 백성들은 만세를 부르고 기뻐하며 맹상군이 계신 쪽을 향해 절을 하고 환호성을 불렀다.

한편 맹상군은 빈손으로 돌아온 풍환을 보고 화가 머리끝까지 치밀어 올랐다. 이때 풍환은 "쥐어짜도 받을 수 없는 차용증서를 불태워서 설의 백성들로 하여금 선생과 친하게 하고 선생의 훌륭한 명성을 드러나게 하려고 한 것입니다"라고 말할 뿐이었다.

그로부터 1년 후, 제나라 민왕은 진나라와 초나라의 비방에 현혹되어 맹상군을 미워하고 의심하게 되었다. 그도 그럴 것이 수백 명의 식객들이 맹상군의 수족이 됨에 따라 그에 대항하는 압력 단체로 보였기 때문이다. 그래서 그의 명성이 군주보다 높고 제나라의 권력을 마음대로 휘두른다고 의심을 하면서, 두려운 나머지 왕은 그를 파면시켰다. 맹상군이 영지로 돌아가게 되자, 그를 따르던 빈객들은 모두 떠나버렸다. 그러나 이때 설 땅의 백성들은 백 리 길도 멀다 하지 않고 다들 나와서 맹상군을 위로해 주었다. 이것이 풍환이 맹상군을 위해 만든 첫 번째 굴이다.

그 다음 풍환은 맹상군에게서 수레와 돈을 얻어 위나라의 수도 양으로 가서 혜왕을 설득했다.

"지금 제나라 왕이 비방을 듣고 맹상군을 파면시켰습니다. 맹상군은 왕을 원망하는 마음에 반드시 제나라를 배반할 것입니다."

혜왕 역시 평소에 맹상군의 명성을 익히 들어 알고 있었는데, 풍환의 말을 듣자 맹상군을 자신의 사람으로 만들어야겠다는 생각을 하게 되었다. 이에 온갖 보물을 갖고 맹상군을 모시려 했으나 풍환의 전략상, 맹상군이 그쪽으로 가지 않도록 유도했다. 이 소문은 급기야 제나라의 민왕에게까지 들어갔다. 그는 즉시 맹상군에게 사신을 보내 자신의 잘못을 사과하고 다시 재상직을 주었다. 이것이 풍환이 맹상군을 위해 취한 두 번째 굴이다.

그 다음, 풍환은 맹상군에게 설 땅에 선대의 종묘를 세우도록 했다. 이리하면 민왕이 맹상군을 함부로 대하지 못할 것이고, 그의 지위는 더욱 공고해질 것이기 때문이었다. 이것이 세 번째 굴이다. 맹상군은 풍환에게 매우 감사해하며 어떻게 이런 생각을 하게 되었는지를 물었다.

풍환은 "교활한 토끼는 도망치기 위한 동굴을 3개 마련하는 법이지요. 하지만 공께서는 도망칠 동굴이 설 땅인 영지 한 곳밖에 없습니다. 그래서 위나라와 제나라로 달아날 동굴을 두 개 만든 것입니다."

여기에서 '교토삼굴(狡兎三窟)'이라는 고사성어가 생겨났다. 이 고사는 불안한 미래를 위해 미리미리 준비해야 한다는 의미인데, 여기에서 우리는 언변은 눈이 보이거나 손에 잡히는 재주나 기술이 아니어서 드러나지 않을 뿐, 그 가치는 엄청나다는 것을 알 수 있다.

풍환은 자신이 생각한 이 3가지를 완벽히 준비해야 멋진 인생, 성공하는 인생을 살 수 있음을 보여주고 있다. 정리하면 다음과 같다.

> **첫째, 상대에 대한 배려심**
> **둘째, 스피치 방법과 기술**
> **셋째, 네트워크**

'완벽한 준비 뒤에는 뜻하지 않은 불행은 찾아오지 않는다'는 것을 풍환은 보여주고 있다.

인간과 인간과의 관계, 즉 네트워크는 운명과 같다. 어떠한 네트워킹을 했느냐가 곧 그 사람의 인생 과정과 방향, 목적 등을 만들기 때문이다. 더구나 21세기에는 그 중요성이 절실해져가고 있다. 이를 위해 각종 커뮤니케이션 기계들이 속속 선보이기 바쁘며 이것이 곧 국가 경쟁력으로 연결되기까지 한다.

사람들은 깨어 있는 동안에 통상 70~80%의 시간을 어떤 형태로든 커뮤니케이션을 하면서 보낸다. 아마도 컴퓨터나 휴대폰 등 각종 기기를 끼고 살아가는 현대인들은 이 통계보다 더 많은 시간을 보낼 것이다. 문제는 사람과 사람이 연결하려는 욕구 즉 소통이다. 이것이 조화롭지 않을 때는 세상을 살아갈 의미마저도 상실할 정도로 깊은 상처를 받게 된다. 이렇게 우리는 단 하루도 커뮤니케이션 없이는 살아갈 수 없다. 당장 족쇄처럼 따라다니는 휴대폰, 이메일과 메신저는 이제 현대인에게 너무도 익숙한 커뮤니케이션 채널이다. 무인도로 갈 일이 없다면 누구나 커뮤니케이션의 능력 즉 네트워크 능력을 갖추어야 살아갈 수 있다.

화술이 좋다고 반드시 커뮤니케이션을 잘하는 것은 아니다. 커뮤니케이션은 말만 잘하는 것이 아니라 논리적으로 설득할 수 있는 근거를 제시할 줄 알아야 한다. 이와 더불어 따뜻한 마음으로 상대를 녹여낼 수 있는 배려심도 가져야 한다. 네트워크 능력은 바로 커뮤니케이션 능력으로 표출되기 때문이다.

안타깝게도 네트워크, 커뮤니케이션을 기기조작 능력으로 잘못 알고 있는 사람들이 많다. 오히려 컴퓨터나 휴대폰, MP3, PMP 등과 같은 다양한 기기들 때문에 우물 안에 갇히는 꼴이 되기 쉽다. 철저히 자기만의 방식과 세계로 옭아매기 때문이다. 자기밖에 모르는 이기주의자, 개인주의 성향을 보이는 것도 이와 무관하지 않다. 사람들과의 원활한 소통을 위한 기기들이 거꾸로 소통을 철저히 막아버리는 아이러니한 점도 갖고 있다. 지금은 현실 속에서 써먹을 수 있는 '진짜 커뮤니케이션 능력'으로 개인은 물론 조직까지도 파급되는 효과를 느껴보고, 이를 위한 노력을 강구해야 할 시대이다.

02
살아 움직이는 말

엘리베이터를 타고 꼭대기층까지 가는데 걸리는 시간을 기준으로 스피치 연습을 해보자. 엘리베이터 연습이란, 자기가 해야 할 말을 요약해서 말하는 것을 이른다. 중간에 누군가 타고 내리는 경우를 제외하고 엘리베이터를 혼자 탔을 경우가 기준이다. 그러나 엘리베이터 안에 아는 사람과 같이 탔을 때 오히려 연습하기 좋을 수도 있다. 인사를 건네면서 하고 싶은 말, 연습했던 말을 자연스레 시작할 수 있기 때문이다.

중요한 것은, 내가 이야기해야 하는 내용을 정확히 엘리베이터 안에서 말해보는 것이다. 회사소개, 제품소개, 자기소개 등 주제를 정해서 엘리베이터 문이 닫히는 순간부터 말을 시작한다. 이때 녹음해서 들어보는 것이 좋다. 건물 층수의 숫자가 올라가고 내릴 때가 되면 으레 마음이 조급해지면서 말이 뒤죽박죽되기 쉽다. 조급해하지 않으면서 스피디하게 이야기하는 연습을 하는 것이 목표다.

정해진 시간 내에 셀링 포인트를 말하고 근거를 제시하고, 마무리한다. 아주 짧은 구성이지만 이것을 한순간에 말하기는 쉽지 않다. 짧은 내용을 짧은 시간에 말하는 것은 매우 어렵다. 연습이 아니면 정확하고 여유 있게 말하기가 쉽지 않기 때문이다. 아니면 결론부터 이야기를 하고 본론으로 부연설명을 하는 것도 다른 방법이 될 수 있다.

사실 엘리베이터 안에서 숨 가쁘게 연습하는 '엘리베이터 스피치'는 할리우드 영화감독들 사이에서 비롯된 용어였다. 엘리베이터에 타서 내리기까지 약 30~60초 정도의 짧은 시간 안에 투자자 마음을 사로잡을 수 있어야 하기 때문에 시작되었다고 한다. 이제는 엘리베이터에서 면접도 보고, 자기소개, 제품소개 등을 하는 연습실로 확대되어 활용되고 있으며, 실제로 서울에 있는 외국계 회사 중에는 엘리베이터 면접으로 당락을 결정하는 곳도 있다.

이처럼 짧은 시간 내에 상대의 즉각적인 관심을 유도하는 체계적인 방법이 P.O.P이다. P(Purposeful, 목적에 맞고), O(Original, 독특하며), P(Pithy, 간결하게) 하는 것이다. 이러한 방법은 어디에서나 활용되고 있다. 광고 카피나 홍보문구, 연설, 강의, 자기소개, 제품설명, 프레젠테이션 등 말과 관련된 모든 곳에서는 정설로 통한다.

재즈 연주자 겸 작곡가인 찰스 밍거스(Charles Mingus)는 "간단한 것을 복잡하게 만드는 일은 누구나 할 수 있다. 그러나 복잡한 것을 단순하게 만드는 일에는 창의력이 필요하다"라고 했다. 자문자답을 하면서 시간을 재고, 그 안에 얼마나 논리적으로 메시지를 전달하느냐를 연습해보자. 다음 10가지의 질문에 대답하여 본다.

1. 무엇을 팔 것인가?
2. 무엇을 전달할 것인가?
3. 내 제안과 제품은 어떤 문제를 해결해 줄 수 있나?
4. 한번 시도하거나 구입해볼 만한 가치는 어디에 있나?
5. 목표 고객은 누구인가?
6. 나는 누구이며 내 강점은 무엇인가?
7. 경쟁자들은 누구이며 나는 경쟁자들과 어떻게 차별되는가?
8. 내 제안이나 제품을 거절하는 사람들의 근거는 무엇인가?
9. 나의 궁극적 목적은 무엇인가?
10. 고객들이 언제, 어디서, 어떻게 행동하기를 원하는가?

스피치의 대가 윈스턴 처칠은 또 이렇게 말했다.

"강조하고 싶은 부분이 있다면 괜히 어렵게 돌려 말할 필요가 없다. 말뚝을 박아 넣는다고 생각하라. 한 번 때려라. 그리고 돌아와서 다시 때려라. 세 번째는 힘을 주어 때려 넣어라."

엘리베이터라는 한정된 시공간 속에서도 이야기는 살아 있어야 한다. 편안하면서도 신속하게 말하는 연습이 어느 정도 입에 붙으면, 이번엔 거기에 이야기를 넣어보자. 이야기가 없이 정보만 전달하는 것은 누구나 할 수 있는 죽은 말이다. 이야기를 만들어보는 연습을 통해 이것이 살아 움직이도록 만들어야 한다. 여기서 스토리텔링의 중요성이 다시 한 번 언급된다.

"세상은 원자가 아닌, 이야기로 만들어져 있다."

− 시인 뮤리엘 루카이저(Muriel Rukeyser)

"이야기꾼은 제2의 창조주라 해도 손색이 없다. 그가 만드는 두 번째 세상은 우리 마음을 온통 사로잡기 때문이다."

− 소설가 J.R.R. 톨킨(John Ronald Reuel Tolkien)

여기에 마케팅 전문가 세스 고딘(Seth Godin)은 직설적으로 말한다. "사실 그대로를 말하지 말고, 스토리를 이야기하라."

정보 전달만으로는 부족하다. 상대의 머리와 가슴을 동시에 사로잡으려면 스토리로 재현되어야 한다. 그러기 위해서는 많은 이야기를 알아야 하고 많은 책을 읽어야 하며, 과거와 현재에서 많은 이야기를 수집할 줄 알아야 한다.

베스트셀러 작가이며 2005년 『미국의 숭고함(American Sublime)』이라는 시집으로 퓰리처상을 받은 마야 안젤루(Maya Angelou)는 인간은 평생을 선택하며 살아가는데, 우리의 삶은 '선택한 말'로 이루어진다고 연설했다.

"말은 몸속에 들어간다. 그래서 우리를 건강하게 하고, 희망적으로 만들고, 행복하게 하고, 높은 에너지를 갖게 하고, 놀랍게 하고, 재밌게 하고, 그리고 명랑하게 만들어준다. 혹은 우리를 의기소침하게 만들 수도 있다. 말은 몸속으로 들어와 우리를 우울하게 하고, 못마땅하게 하고, 화나게 하고 마침내는 아프게 한다."

03
재미있는 이야기는
누구나 좋아한다

커뮤니케이션은 콘텐츠(Contents)와 스타일(Style)로 이루어진다. 하버드 대학 심리학과 하워드 가드너(Howard Gardner) 교수의 말에 따르면 사람들이 논리적으로 생각할 때에는 이성을 지배하는 좌뇌가 작동한다. 하지만 최종 의사결정을 할 때는 감성을 지배하는 우뇌가 작동한다고 한다. 그렇다고 논리성이 없어도 된다는 말은 아니다. 이성과 감성이 함께 작동된다. 그러나 결정적인 것은 감성적 우뇌라는 것이다. 생각은 논리로 하지만 구매 결정 등 최종 결단을 내릴 때는 반드시 논리에 따르는 것이 아니라는 의미다.

회사 규모, 유명인들의 사용 여부, 제품의 제작과정과 효과 등은 상품의 정보를 전달하는데 도움이 될 뿐, 그 이후는 자기 자신만의 이야기가 있어야 한다. 이때 상대의 상황에 맞추어 희망과 비전, 밝은 미래 등을 적절하게 제시하면 효과적이다.

많은 사람들이 호기심을 가득 안고 전 세계로 여행을 떠난다. 세계화와 다문화 시대가 여행의 활성화를 부추기고 있으며, 많은 상품들이 서로 뒤섞여 세계 각지에서 사고 팔린다. 무엇보다도 관광은 각 나라의 경제를 일으키는 큰 축이 되고 있는데, 이 관광이 스토리텔링의 꽃이다. 마이크와 깃발을 들고 열심히 떠들고 있는 여행가이드들은 저마다 재미있고 그럴싸한 이야기로 관광객들의 시선을 사로잡는다. 설사 볼 것이 하나 없어도 가이드 말에 감격하는 사례도 있다.

산업혁명으로 전 세계에 경제의 불을 일으켰던 영국이 점차 시들어가면서 그들의 자존심은 무너져갔다. 그런 영국이 이제는 문화혁명으로 다시 일어나고 있다. 산업혁명의 기계소리가 힘차게 들렸던 여러 도시들, 그중에서도 리버풀은 가장 번성한 도시 중 하나였다. 그러나 리버풀의 옛 영화는 추억 속으로 사라져버렸고, 하나둘 떠나 빈 집만이 처량하게 남아있는 곳으로 전락해버렸다.

하지만 최근 이 황량한 그곳에 그 지역민보다 더 많은 수의 관광객이 몰려들고 있다. 비틀즈에 대한 이야기보따리를 풀어놓는 가이드가 전 세계에서 몰려든 관광객들을 몰고 다닌다. 볼 것이라곤 비틀즈 멤버들이 어릴 때 놀았다는 잔디밭, 자주 다녔다는 도로, 그들이 모여 노래를 불렀다는 좁고 어두운 동굴 같은 케번 클럽 정도다. 최고의 건축물이 있는 것도 아니고, 대단한 볼거리를 제공하는 것도 아니다.

"3살 때 조지 해리슨이 놀았다는 마당입니다."

뭐 이런 것이다. 그러나 듣는 관광객들은 함성을 지르며 감격한다.

어느 허름한 집 앞에 선 가이드는 썰렁하기 그지없는 담 앞에 서서 말한다.

"폴 메카트니가 이 앞에서 그의 여자친구 린다를 기다렸죠. 바로 기다린 자리가 여기에요. 여기!"

관광객들은 들뜬 표정으로 약속이라도 한듯 그 자리에 서서 사진을 찍는다. 비틀즈뿐만 아니다. 그들에겐 끊이지 않는 이야깃거리가 있다. 뭐든지 이야기할 수 있다. 어떤 장소를 가든 그곳에 얽힌 귀신 이야기, 추억 가득한 사연이 담긴 신화나 전설, 그들을 기리는 축제 등이 만들어지고 있다. 전 세계 사람들은 그곳을 가보는 것만으로도 감동을 받고 행복해하고 있다. 그래서 영국인들은 수백 년 전 술집이나 집들을 부수거나 다시 짓지 않는다. 그것을 그대로 보존해야 이야기들이 풀어지기 때문이다.

"저기 보세요. 왼쪽에 보이는 게 술집인데요. 바로 찰스 디킨스가 즐겨 가던 술집이랍니다."

지나다닐 때마다 이야기꽃이 피어난다. 이제 스토리텔링은 국가 경제를 일으키는 문화의 신기술이며 창조경제 그 자체다. 그리고 문화를 부활시키는 판도라의 상자가 되고 있다.

비즈니스에서도 이 방법을 응용해볼 필요가 있다. 감성을 자극하는 재미있는 이야기가 키포인트다. 감성적 스토리로 제품을 소개하고 제품과 연관된 이야기 등으로 대화를 풀어나가야 한다. 많은 학자들이 저마다 미래를 예측하는데 있어서 네트워크의 강한 힘을 주목하고 있다. 네트워크의 힘을 스피치 커뮤니케이션이라는 수단으로 사람과 사람을 이어주고, 사람과 제품을 이어주는 네트워크 비즈니스로 꽃을 피울 수 있어야겠다.

디지털 시대에는 감성을 불러일으키는 스토리텔링 파워가 크다. 다양하고 복잡한 사회일수록 스토리텔링을 통해 공감대를 형성해야 한다. 대중이 좋아하는 것, 대중이 환호하는 것은 감동적인 스토리이다. 재미있는 이야기를 싫어하는 사람은 없다. 지금은 관계 형성, 정보 공유 등을 통해 모든 것이 연결되는 시대이며, 이 시대를 살아가기 위해서는 자신의 한계에 갇혀 있으면 안 된다.

04
자신의 품격을 높이는
말과 목소리

무더운 여름이 한창일 때, 불쾌지수가 한없이 높아지고 사람들의 인상도 일그러진다. 서로 시비가 붙을 위험이 높고, 짜증이 나면 싸움으로 번지기도 한다. 지하철에서나 운전을 할 때도 서로 험악한 얼굴을 자주 보게 된다. 더운 여름과 극한의 겨울은 더욱 우리의 마음을 작게 만든다. 기후에 따라 얼굴 골격과 체격, 그리고 성격까지도 영향을 미친다는 연구는 충분히 이해할 만하다.

어느 무더운 날, 여느 때처럼 하이힐을 신고 가는데 힐 소리가 귀에 거슬렸다.

'아유, 귀찮아! 또 굽을 갈아야 할 때가 됐나 보네.'

굽을 보니 닳아서 굽 속의 쇠가 보였다. 햇살이 너무 밝고 뜨거워 눈을 찡그려야 했고, 푹푹 찌는 한증막 같은 더위는 짜증을 불러일으킬 만한 조건이었다. 그런 가운데 필자는 구둣방을 찾아 들어갔다.

나이가 지긋이 든 구둣방 아저씨가 구두를 닦느라 여념이 없었다. 구두를 닦으며 호탕하게 인사해 주시는 아저씨의 음성은 의외로 신선한 관심을 일으킬 정도로 아주 밝았다. 이렇게 밝고 명랑한 목소리는 무더운 날씨와 전혀 어울리지 않을 정도였다.

아저씨께 구두를 건네며 말을 걸었다.

"아저씨, 굽 좀 갈아주세요. 근데 굽이 너무 자주 갈게 되네요. 엊그저께 간 것 같은데요."

그러자 아저씨는 부드러운 미소를 지으면서 노래를 부르는 듯한 음성으로 이렇게 말했다.

"하하하, 얼마나 좋아요. 건강하다는 증거지유. 건강하지 못하면 굽도 닳지 않아유. 기운이 없어서 걸어다니지도 못하는 사람은 굽이 닳지 않아유. 건강해서 씩씩하게 다니는 것이니 얼마나 좋은 거예유?"

멋진 말씀이 순간 가슴을 파고들면서 내 가슴에 밝은 불빛이 하나 켜지는 것 같았다.

"아, 맞아요. 아저씨 참 멋진 말씀하셨어요. 제가 한 수 배웁니다."

"하하하. 멋진 말이긴요. 원래가 그런 거지유. 건강하다는 게 참으로 고마운 것이지유."

"아저씨, 도인 같아요. 하하하."

"에유, 그런 말 마세유. 자, 다 됐어유. 이제 또 힘차게 다니세유."

사람의 목소리가 가진 색깔은 100인 100색이다. "안녕하세요?"를 문자로 보면 의미는 파악해도 그 사람의 기분까지 읽을 수는 없다.

인상을 쓰면서 안녕하세요인지, 명랑한 소리의 안녕하세요인지, 심각한 어조로 하는지 말이다.

그래서 직접 만나서 나누는 대화는 무척 중요하고 의미가 깊다. 사람의 이미지는 목소리와 표정에 따라 천지 차이가 나지만, 대개 쉽게 무시해 버린다. 영업과 설득, 협상 그리고 어려운 대화에서 목소리는 정말 중요하다.

어느 날 저녁, 동대문 의류상가에 가게 되었다. 중국인 관광객들로 인산인해를 이루고 있었다. 실내 공기는 탁하고 지나갈 때마다 어깨끼리 부딪혔다. 사람들 속에서 지쳐가고 있을 때 어느 액세서리 가게의 귀걸이가 눈에 들어왔다. 그 어느 집에서도 볼 수 없는 특이한 것이었다.

"이거 좀 봐도 될까요?"

이렇게 운을 떼며 매장 앞에 서 있는 여직원을 쳐다보았다. 순간 뜨악했다. 굳게 다문 입에 지겨워 죽겠다는 듯한 정지된 눈, 거의 움직임이 없는 차렷 자세로 매장을 지키고 있었다. 말을 건네기가 두려울 정도로 쌩한 느낌이었다.

그러나 '물건만 보면 되니까' 하는 마음에 귀걸이를 건네받고 직접 귀에 대보았다. 나의 이런 행동을 쏘아보듯이 쳐다보는 직원의 눈매는 소름 끼칠 정도였다. 순간 힐끗거리면서 그녀의 눈치를 보게 되었다. 그러던 중 그 귀걸이에 생채기가 난 것을 보고 구입하게 되면 새 것으로 줄 수 있냐고 물었다.

"물건은 이것 하나밖에 없어요."

무표정으로 시선은 앞을 고정한 채 입만 겨우 벌려 말하고 있었다. 살려면 사고 말려면 마라는 투였다.

"그래도 이걸 살 수는 없잖아요."

"그럼 주문해서 택배로 받으시든가."

더 이상 말을 붙였다간 한 대 맞을 것 같았다.

'주문해서 택배로 받았는데 또 생채기가 나있으면 어째?'

이런 궁금증을 뒤로한 채 그냥 나와 버렸다. 직원에게 신뢰감이 뚝 떨어지고 기분이 영 찝찝했다. 아무리 제품이 좋아도 그것을 말하는 사람이 싫으면 다시는 그 제품을 찾고 싶어지지 않는다.

가식적으로 보이는 친절이 무뚝뚝함보다는 더 낫다. 짧은 시간 안에 상거래가 이루어지는데, 그 순간 상대에 대한 최대한 예의를 갖춘 다는 것은 어차피 가식으로 시작되는 것이다. 가식도 자주하다 보면 자기 것이 된다.

표정과 말 못지않게 목소리도 중요하다. 목소리는 건강도를 그대로 드러내준다. 건강한 목소리는 자신감 있고 열정적이라는 이미지를 심어준다. 전화를 했을 때 상대 목소리에 기운이 없는데 즐거워할 사람은 아무도 없다. 알지 못하는 사람인 경우 섬뜩한 느낌마저 받게 된다. 그런 만큼 자신의 이미지메이킹으로서의 정리된 목소리, 단정한 목소리, 부드러운 목소리 등은 반드시 훈련할 필요가 있다.

얼굴은 미인인데 목소리는 헐크라고 한다면, 아무도 그녀를 찾지 않을 것이다. 반대로 얼굴은 그저 그런데 목소리에 대한 매력을 뿜어낸다면 왠지 모를 매력에 빠져들게 된다. 목소리가 주는 여운은 상당히 오래간다. 문자로만 주고받는 일이 익숙한 요즘에 목소리는 더욱 생동감 있게 들린다. 이럴 때 자신의 이미지를 상승시켜주는 목소리는 큰 이점이 될 수 있다. 목소리는 에너지의 집합체로서 자신의 모든 것을 대변해주기도 하며 크게는 전부를 대신해주기 때문이다.

TV에서 다큐멘터리를 볼 때 그 내용에 맞는 내레이션을 들으면 더욱 몰입하게 된다. 친근한 목소리, 세련된 목소리, 구수한 목소리 등의 색깔로 다큐멘터리의 내용과 성격에 맞아떨어질 때 완성도는 더욱 높아진다.

누군가를 설득할 때에는 '낮은 목소리로 부드럽게 하는 것'이 기본이다. '급할수록 돌아가라'는 말처럼 긴장되고 성급함이 몰려올수록 한 템포 쉬어가자는 주문을 스스로 내려야 한다.

미국 매사추세츠공대(MIT) 연구진의 결과에 따르면 데이트를 나누고 있는 남녀의 대화를 분석한 결과 한 가지 톤보다 목소리의 높낮이를 다양하게 변화시키며 말하는 여성이 남성에게 더 매력적으로 느껴진다고 한다. 이처럼 각각의 상황에 맞게 목소리톤을 차분하게 낮추거나 하이톤을 적절하게 분배하여 성공적인 인간관계를 이어가도록 해야 한다.

듣기 좋은 목소리는 건강한 목소리, 편안한 목소리, 부드러운 목소리, 친절한 목소리, 밝은 목소리, 팔딱팔딱 싱싱한 목소리, 미소를 머금은 목소리, 변화가 있는 목소리 등을 말한다. 그러나 무엇보다 가장 중요한 것은 여러 다양한 듣기 좋은 목소리에서 남을 배려하는 목소소리로 나아가는 것이다.

여러 가지 좋은 목소리를 유지하기 위해서는 아랫배 즉 단전에서 뿜어져 나오는 소리를 써야 한다. 목소리를 크게 할 때만 배의 힘을 쓰는 것이 아니다. 조용하게 이야기할 때도 배에서 우러나오는 힘을 사용하면 듣기 좋은 소리를 낼 수 있고, 오랜 시간을 할애해도 쉽게 피로하지 않아 좋은 톤을 유지할 수 있다.

05

말 한마디는
천금과 같다

어떤 사람이 친구 4명을 식사에 초대했다. 한 친구만 식사시간이 되었는데도 오지 않았다. 주인은 더 이상 참지 못하고 짜증스럽게 말했다.

"꼭 와야 할 친구가 왜 아직도 오지 않는 거야."

그 말을 들은 A가 말했다.

"그러면 오지 않아도 되는 친구는 벌써 왔다는 뜻이잖아."

A는 얼굴을 붉히며 주인에게 한마디 말도 없이 떠나버렸다.

당황한 주인이 탄식하며 말했다.

"가지 말아야 할 친구가 가버렸네."

이 말을 들은 B가 말했다.

"그건 가도 될 사람이 아직 가지 않았다는 말이잖아."

B 역시 오해하고 화를 내고 가버렸다.

주인은 다급하게 B를 따라가며 소리쳤다.

"너한테 한 말이 아니야."

곁에 있던 C가 이 말을 듣고 자리에서 일어나며 말했다.

"B한테 한 말이 아니면 나한테 한 말이네."

결국 주인은 식사 테이블에 많은 음식을 두고 홀로 남게 되었다. 이 이야기는 극단적인 말꼬리 잡기의 예인데, 사람들은 의외로 단순한 말 한마디에 기분이 상한다. 결코 말한 사람의 의도가 그게 아니었더라도 상대는 달리 받아들일 수도 있다는 이야기다.

문제는 진실성인데, 간단하게 말해서 사람을 좋아하면 언어가 통하지 않는 외국인이어도 마음이 전달된다. 어떤 목적이 있어서 다가가려는 것으로만 보이는 것은 아닌지 세심한 관리가 필요하다.

미국의 존슨 대통령은 아니었어도 사람들의 이름을 기억하라고 강조했다. 이는 상대에게 관심을 표명하는 가장 간단한 방법이다.

사실 이름뿐만 아니라 상대방과 마음을 이해하려는 습관이 필요하다. 이해는 다른 사람이 세상을 보는 눈으로 나도 같이 바라볼 수 있을 때 이루어진다. 즉, 상대가 필요로 하는 것, 소원, 기쁨, 좌절, 걱정, 상처, 굶주림까지 모든 것이 나 자신의 것처럼 절실하게 느끼는 것이 중요하다. 늘 상대에 대해 민감해야 하고, 그 마음을 상대에게 보여줄 수 있어야 한다. 대화 중에 보조 코멘트 사용도 세심한 배려로 보일 수 있다.

"계속하세요. 그렇군요. 느낌이 어땠어요?"

상대의 이야기를 들으면서 필요한 부분은 기억하고 있다가 상대를 설득할 때나 정보를 전달할 때 사용할 수 있다. 물론 공감하는 척이 아닌 진짜 공감하는 마음과 이해하려는 마음이 전제되어야 한다.

네트워크 비즈니스에서 회사를 소개하고, 거기에서 나오는 제품에 대한 정보 등은 이미지를 형성하는 첫 관문이자, 가장 중요한 부분이다. 이때에는 논리적이고 객관적이며 과학적인 단어와 세련된 문구등이 필요하다. 뭉뚱그려서 '그냥 좋다'는 설득력이 약하다. 객관적인 정보와 입증된 결과물 위에 개인적인 소견, 주변 사례 등을 스토리텔링을 하듯 풀어나가면 자연스럽게 말을 전개해나갈 수 있다.

이때 반박하거나 거부하기 위해 신중하게 들으려 하는 경우도 있고, 얼마나 좋길래 그럴까 하며 호기심에 들으려는 사람도 있을 수있다. 말 한마디가 천금인 까닭은, 말하는 사람보다 상대방이 더 신중하게 생각하면서 듣기 때문이다.

06
모임에서 돋보이는 자기소개법

    디지털 시대에 더욱 그 중요성이 커지는 것은 바로 사람과 사람 간의 만남이다. 그런 만큼 불편하거나 부담스럽고 어려운 만남은 피하려 들기 쉽다.

    서로 바쁘니까 문서로 남기면 되고,

    시간이 없으니까 차후에 이메일로 보내면 되고,

    자세한 것은 홈페이지를 보면 되고,

    어색하니까 혼자 생각할 시간을 달라고 하면 되고.

    정보화시대에 인터넷으로 검색해보면 되고,

    그러다보니 굳이 만날 것까지는 없게 되었다.

    사람을 만나서 익숙해지기까지는 많은 시간이 걸려야 하는데, 그 시간을 기다리지 못하기 때문에 현대인들은 누구에게 소개받아 만나는 것에 의존한다. 그런 만큼 사람과 사람과의 직접적인 만남은 더욱 소중해졌고, 소중한 만큼 한 번의 기회에 좋은 인상을 심어주어야 한다.

크고 작은 모임에서 자기를 알리고 각인시키는 일은 아주 중요하다. 자기소개는 말을 할 수 있는 어린 나이부터 죽을 때까지 하게 된다. 자기소개 시간은 자신의 이름만 말하는 것을 지칭하는 것이 아니다. 짧은 시간 내에 말, 목소리, 억양, 이미지, 모습 등을 보고 그 사람 자체를 한순간에 결정짓게 한다. 첫인상을 결정짓는 중요한 순간이다. 그렇다면 이 중요한 순간을 어떻게 내 것으로 만들어갈 수 있을까?

1. 이름 세 글자를 각인시킨다.

자기소개의 핵심은 바로 '이름'이다. 대부분의 한국인은 이름이 3글자이기 때문에 그 이름이 그 이름 같아 좀처럼 기억하기 쉽지 않다. 자신의 이름에 대한 3행시나 한자풀이 또는 이름에 얽힌 사연들 그리고 이름이 지어진 유래, 조상 이야기 등 이름에 얽힌 이야기를 풀어서 각인시킨다. 듣는 사람들도 즐겁게 들을 수 있는 스토리텔링을 만들면 나도 즐겁고 주변도 즐거워진다. 희귀한 성씨나 재미있는 이름, 촌스러운 이름이 그래서 요즘엔 더 인기를 끈다. 자기 이름을 상대방이 기억하기 좋게 스토리로 엮는 기술도 필요하다.

2. 반듯한 자세를 유지한다.

단정한 용모만큼이나 반듯한 자세가 중요하다. 여성이라면 두 손을 겹쳐 모으고(오른손이 위로), 남성은 옆의 바지선에 가볍게 손을 동그랗게 해서 똑바로 선다. 이것이 가장 기본이다. 여기에 가방이나 핸드백이 있을 경우에는 한쪽 손으로 들고 정중하게 똑바로 서면 된다. 앉아 있을 때도 똑바로 앉은 것을 원칙으로 한다. 다리를 심하게 꼬거나, 앉아서 다리를 흔드는 모습은 좋지 않다.

3. 자신을 비하하는 인사는 자제한다.

"저야 뭐 내세울게 하나도 없는 사람입니다만", "전 아무것도 아는 게 없고", "집에만 있는 가정주부라서 뭐 제대로 하는 것도 없는데" 이런 식의 자기 비하는 피하는 것이 좋다. "그럼 왜 나왔어? 집에만 있든가"라는 답이 나올 수도 있기 때문이다.

자신의 장점을 겸손하되 당당하게 말할 줄 알아야 한다. 친해질 때까지 시간을 두고 지켜봐줄 시간이 현대인에게는 그리 많지 않다.

4. 잘난 척은 금물이다.

잘난 척하는 사람은 어디에서나 인정받지 못한다. 이것도 습관이다. 말만 나오면 끊임없이 자랑만 늘어놓는 사람들이 있다. 잘난 척은 바퀴벌레 약처럼, 그 사람 주변을 초토화시켜 버린다.

5. 취미나 여가생활 그리고 특기 등을 재미있게 버무린다.

취미를 말할 때 남들이 흔히 하는 '음악 감상, 독서, 영화감상, 운동'은 가능한 피하자. 물론 진짜 음악을 좋아하고, 진심으로 책을 좋아할 수도 있다. 그러나 이렇게 말하면 무성의해 보일 수 있고 대충 때우려는 식으로 비춰진다. 오히려 특별한 취미가 없으면 말하지 않는 게 낫다.

진정성 있고 성의 있는 태도로 취미를 말하려면 구체적으로 하는 것이 좋다. 예를 들어, "음악 감상이요." 하지 말고 "음악을 좋아하는데, 세미 클래식 특히 영화 음악 감상을 즐긴다." 혹은 "어떤 음악가를 좋아한다" 등 구체적으로 제시하도록 한다.

또한 '책을 단순히 좋아하는 것'이 아니라 책을 수집하는 것을 좋아하는지, 책을 정리하는 것을 좋아하는지, 책을 읽는 것을 좋아하는지가 분명하게 나와야 한다. 책을 읽는 것을 좋아한다면 어떤 장르의 책을 선호하는지 말해야 진짜 좋아하는 것으로 보인다. 이러한 것이 그 사람의 인격을 대신해주며, 진정성에서 나아가 신뢰성으로까지 비춰질 수 있다.

6. 미래 비전을 제시한다.

목표가 투철할수록 그 사람이 단단해 보이고 끌린다. 거창한 것은 아니어도 한마디 비전 제시를 한다는 것은 큰 여운과 강렬한 이미지를 남기기에 충분한다. 현실적으로 실행 가능한 미래 비전은 상대에게 감동을 준다. 덩달아 미래에 대한 꿈과 희망을 갖게 해주고, 그를 따르고 싶어 하는 욕구를 만든다. 또한 조직원을 한 방향으로 결집시키고, 참여도를 고취시킨다.

미래 비전은 함께 공유하고 움직이게 하는 조종사와 같은 역할을 한다. 미래 비전에는 자기가 처한 곳에서 각자 알아서 움직이게 하는 힘이 있기 때문이다. 따라서 미래 비전은 회사의 기획조종실 역할이고 헤드쿼터(headquater)이다.

네트워크 비즈니스에서 스폰서의 입장이라면 반드시 이 미래 비전을 제시할 수 있어야 한다. 이는 리더의 가장 기초적인 덕목이자 전부일 수 있기 때문이다. 스폰서에 대한 믿음과 신뢰, 그리고 호감도 등은 자신이 출발하고 걸어가는 과정에서 지대한 영향을 미친다. 파트너들은 스폰서의 모든 것을 배우고 익혀서 가야 하기 때문이다.

이런 면에서는 누구나 리더다. 리더의 비전은 많은 어려움과 장애물이 산재해 있는 사회에서 미래에 대한 꿈과 비전은 쉽게 포기하지 않고 꾸준히 나아가게 하는 배터리다.

07

말 많은 사람 vs 말 잘하는 사람

공자의 순수한 가르침과는 다르게, 절름발이식 유교를 숭상한 우리나라에서는 철저하게 '입'을 봉쇄시켰다. 물론 유교를 바탕으로 한 정치세계에서 조심해야 할 것이 입이었기 때문이기도 하다. 그러나 체면과 형식을 중시한 시대상의 반영은 침묵과 글을 우선시했으며 상대적으로 말은 하대했다. 이 DNA의 뿌리는 너무나 질기고 깊어서 21세기의 지금까지도 좀처럼 벗어나기 힘든 지경이다.

'화려한 언변을 가진 사람'이라고 하면 사기꾼, 협잡꾼, 약장사, 간신배 등이 떠오르는 것은 왜일까? 확실히 말이 많고 잡다한 사람은 믿기 힘들다. 우리의 비극은 여기에서 시작된다. 말 많은 사람을 말 잘하는 사람으로 동일시하기 때문이다. 명확히 말하건대, 이 둘은 다르다.

백화점에서 소비자의 판매심리를 파악해보면 무수한 유형이 있는데, 살 것 같으면서도 결국 안 사는 사람, 전혀 살 것 같지 않으면서 턱 하니 구매하는 사람, 요것조것 따지고 가버리는 사람 등 가지각색의 유형들이 나타난다. 그중에서도 뭔가 살 것처럼 살갑게 다가와서 신나게 대화의 광장만 펼치는 사람 치고 구매할 의지는 희박하다는 것이 소비자 심리에서 널리 알려진 바이다.

네트워크 비즈니스에서도 마찬가지다. 처음 만난 자리에서 많은 것을 이야기하고 싶은 충동이 목까지 차오를 수 있다. 이것저것 장황하게 말을 늘어놓고 더구나 재미있는 유머까지 곁들일 때는 상대방과 그 순간 '정말 재미있는 사람이군' 하며 즐겁게 시간을 보낼 수도 있다. 자기 자랑까지 늘어놓고 살아온 고생담까지 늘어놓을 때는 신뢰감과 인간미까지 느껴진다.

어색한 첫 만남에서 이렇게 즐거운 분위기를 연출하기란 그리 쉬운 일이 아니다. 그러나 이런 사람일수록 결정적인 결단을 상대방에게 요구할 때 전혀 다른 대답이 올 수 있다. 한 순간 도를 넘어서면 상대는 질리기 쉽다. 상대방을 관찰하지 않기 때문이다. 상대방의 요구를 들어보고, 상대방의 흥미와 관심을 불러일으키는 데에 집중하고 그것에 대한 말을 하면 된다.

어느 날, 모 방송사 부장이라는 사람을 소개받았다. 필자가 활동하고 있는 시민단체에 대한 협조와 조언을 듣기 위해서였다. 마침 필자가 하는 시민단체에 대한 관심도 있고, 뭔가 해보려는 의지가 대단한 분이라고 했다.

만나자마자 그 부장은 재미있는 이야기로 분위기를 압도해나갔다. 그 부장이란 사람은 소개해주신 분과 필자 그리그 옆의 관계자의 혼을 빼앗아 갈 정도로 위트와 재치가 넘치는 이야기로 분위기를 한 껏 고조시켜 나갔다. '대단한 능력이다'라고 할 정도로 무궁무진한 이 야기보따리가 쏟아져 나왔다. 이어서 자신이 이룩한 업적에 대한 장 황한 자랑이 쏟아지면서 그것을 알아주지 않는 사람들에 대한 질타 가 시작되었다. 그리고 해외에서 자기를 모르면 한류열풍은 있지도 않았을 것이라며 너스레를 떨었다. 워낙 이야기를 풀어가는 말과 제 스처가 실감이 나던 터라 다들 감탄하며 재미있게 듣고 있었다.

그런데 문제는 상대방이 이야기 할 1초의 여유도 용납하지 않는 데에서 시작되었다. 그는 계속해서 지껄여야 했다. 상대방이 무슨 이 야기라도 할라치면 싹싹 빼앗아갔다. 심지어 앞에 차려놓은 음식도 먹지 않고 계속해서 자기 PR에 온 힘을 다 쏟기만 했다. 한참을 듣고 나오면서 뭔가 멍한 느낌을 지울 수 없었다. 어떤 이야기를 하고 나 온 것인지, 결론은 무엇인지, 그런데 왜 만난 것인지 종잡을 수가 없 었다.

며칠 후, 그렇게 적극적인 그에게 전화를 걸어 간단하게 소개하고 참여 의사를 타진하며 협조를 요청했는데 바쁘다며 전화를 끊어버렸 다. 그러고는 한참 만에 메일로 답이 왔다. 여러 가지 일을 해서 참여 할 수 없다는 것이었다. 물론 시민단체에 대한 참여는 개인의 자유다. 그러나 이러한 식의 거부 반응은 지혜롭지 못했다. 다시는 찾기 싫은 유형 1순위였다. 이러한 유형은 자신을 포함한 남에게 상처를 주고, 개인적인 성공의 길은 멀고도 멀어진다.

'말을 잘한다'라는 의미는 이렇듯 장황하게 쉴 새 없이 말을 하는 능력이 아니다. 자기가 해야 할 말, 주제가 있는 말을 비교적 짧은 시간 안에 요약하고 정리해서 상대방에게 들려주는 것이다. 이해도를 관찰하면서 상대 위주로 말을 해야 한다.

네트워크 비즈니스에서는 상대방의 일방적인 거부반응도 배제할 수 없다. 그런 만큼 말에 대한 연구는 끊임없이 이어져야 할 것이다. 상대방은 100인 100색이라고 생각하고, 이에 대한 상대방 맞춤형 스피치를 구사해야 할 일이다. 말은 짧고 간단하게, 그리고 쉽게 전달해야 한다. 어려운 문자나 고사성어 등을 섞어서 쓰려고 애쓸 필요가 없다. 있는 그대로 쉽게 전달하는 메시지가 더 강하게 남을 수 있다. 그리고 감명 있는 여운을 남기면 된다.

감명 있는 여운이란, 상대방에게 희망과 꿈을 키울 수 있는 토대를 마련하거나, 무언가의 가치를 전달하는 것이다. 더 나아가서는 살아가는 이유, 존재의 이유를 느끼게 해주는 것이 매우 중요하다. 짧은 만남 속에서 긴 여운을 남기는 것은 그만큼 많은 내공을 필요로 한다. 사람을 좋아하고 만남을 즐기고, 그 만남을 위해 말공부를 하는 것이 네트워크 비즈니스에서 반드시 갖춰야 할 준비다.

Part 02

돈이 따르는 말
VS
돈이 도망가는 말

01

돌아서려는 사람도 멈추게 하는 말

　네트워크 비즈니스를 하는 사람은 모두 창조적인 작업을 하는 사람들이다. 내가 만든 만큼 이루어진다. 내가 원하는 물건을 발견하는 기쁨과 맞물려 좋은 물건을 남에게 권하면서 즐거움을 나누는 것도 기쁨이다. 목적성이 뚜렷한 두 사람, 즉 구매자와 판매자와의 관계 형성에 있어서 보이지 않는 향기가 피어나기도 한다. '사람을 어떻게 구워삶아서 이걸 팔아먹을까?' 하는 것이 가장 원초적인 목적이라면 여기에 한층 인간적인 면을 덧붙여 서로 좋은 시스템으로 이끌어가는 것이 판매자의 노력이 될 것이다.

　먼저 판매자의 입장에서 구매자로 하여금 '음, 좋아! 사고 싶은데 이거 얼마예요? 이것 가지면 너무 좋을 것 같다'라는 마음이 피어오르도록 유도하는 것이 중요하다. 상대로 하여금 긍정의 꼬리물기를 시작해야 한다.

우선 상대로 하여금 처음부터 "네, 네"라고 말하도록 해야 한다. 흔히 상점을 기웃거리면 점원이나 판매자는 "뭐 찾으세요?"라고 달려든다. 그러면 손님은 곧바로 방어 자세를 취하게 되면서 "아뇨, 그냥 보려구요"라는 말이 먼저 나온다. 사람은 일단 '아니요'라고 말해버리면 자존심 때문에 그 말을 계속 고집하려는 경향이 있다.

이때 판매자는 그저 상냥하게 웃으며 인사하는 것만으로도 충분하다. 여유 있게 기다려줘야 한다. 그런 후, 구매하려는 자가 "○○ 있어요?"라든가 "전 ○○가 필요한데요"라고 말을 꺼내면 그때 응대하면 된다.

그 반대의 경우도 있다. 필자가 모 백화점의 어떤 화장품 코너에서 립스틱을 보고 있었다. 옆 점원에게 무심코 물어보는데, 대답이 없었다. 그래서 립스틱을 보면서 다시 물어봤다. 그래도 대답이 없어 고개를 들고 보니 점원의 등만 보일 뿐이었다. 그래서 톡톡 치면서 물어봤다. 순간, 그 점원이 누군가에게 열심히 화장품을 설명하고 있다는 것을 보게 되었다.

"제가 좀 바쁘거든요. 손님께 설명드리는 중입니다."

정색을 하면서 이렇게 말하고는 고개를 쌩 돌려버리는 것이었다.

'손님이 잘못하신 거예요. 이거 안 보이세요? 먼저 오신 손님과 말씀을 나누고 있다고요. 기다리셔야지요. 안 그래요?'

그 점원의 차가운 얼굴에서 마음이 읽혔다. 순간 찬물을 쫙 끼얹은 느낌이 들었다. 다시는 그곳에 가지 않겠다는 생각이 들었다.

설사 그 점원이 "잠깐만 기다려주시겠습니까?"라고 친절하게 했어도 고객으로서는 거절하고 싶은 충동이 생기기 쉽다. '~까?'는 고객으로 하여금 망설이도록 유도하기 때문이다. '기다릴까? 그냥 가버릴까?' 하는 갈등을 조장하는 질문이기 때문이다.

만약 "고객님, 금방 끝납니다. 잠깐 여기 있는 립스틱을 한번 발라보고 계시죠"라고 했다면 고개를 끄덕이며 발라보면서 기다렸을 것이다. 말끝에 '~죠'를 붙이면 상대방은 무심코 "네, 그러죠"라는 대답이 나오기 쉽다.

화장품 매장에서는 그 매장 화장품으로 멋지게 화장을 한 직원들이 서있는데, 너무 진한 화장을 하고 있으면 선뜻 물어보거나 다가서기 힘들다. 거기에다가 정색을 하고 손님을 맞이한다거나 굳은 표정으로 다가온다면 무섭기까지 하다. 순간순간 중요하지 않을 때가 없다. 말 한마디, 표정 하나로 상대의 기분을 망칠 수 있다는 점을 명심하자.

02
언어불통은 사고를 부른다

2010년 4월 10일, 레흐 카친스키 폴란드 대통령 내외 등 고위급 인사들을 태우고 가던 러시아제 Tu-154 여객기가 추락하는 사고가 일어났다. 불행하게도 탑승자 전원이 사망했다. 전 세계가 급보를 전할 정도로 놀랄 만한 사건이었다. 러시아의 음모가 있었다는 말이 설왕설래하고는 있으나 사실, 문제는 소통이었다.

러시아 관제사와 폴란드 조종사 간 언어 문제와 고위 인사로부터의 착륙 압력이 원인이 됐을 것이라는 지적이었다. 이를 뒷받침하는 것으로는 사고 여객기와 마지막으로 교신한 러시아 관제사 파벨 플루스닌은 폴란드 조종사의 러시아어가 서툴러 이해하기 어려웠다고 밝혔다. 소통의 1차적 부조화다. 그는 러시아의 한 뉴스포털에 "숫자를 알아듣기 힘들어 사고 여객기의 고도를 확실히 알 수 없었다"라고 했다.

그러나 전 폴란드 총리 레쉑 밀레르는 가디언에 '카틴 숲' 학살 70주년 추모행사에 참석할 예정이었던 대통령이 짙은 안개에도 불구하고 조종사에게 착륙하도록 압력을 가해 사고가 났을 수도 있다고 추측했다. 권력을 남용한 소통의 2차적 부조화이다.

항공 전문가 빅토르 티모쉬킨은 텔레그라프에 이를 'VIP 탑승객 증후군'이라고 지적했다. 그는 "관제사들은 항공기 항로를 바꾸도록 제안했고, 기장은 이를 대통령에게 보고했을 것이다. 그러나 무슨 이유에서인지 그는 착륙 명령을 받았다"라고 말했다. 항공기 안에서 최고 수장은 조종사지만, 사회적으로 보았을 때는 대통령이나 총리가 수장이다.

2015년 우리나라에서도 비행기 안의 소동으로 국제적 망신을 당했다. 대한항공 086편 항공기가 땅콩 사건으로 회항하면서 '수직적 명령'이라는 권력적 답습을 총 연출하여 전근대적 소통의 부조화를 만천하에 보여주었다. 비행기라는 좁은 공간에서의 이런 커뮤니케이션은 대형 사고로 이어지기 때문에 커뮤니케이션의 중요성은 곧 안전으로 연결된다.

이렇게 순간의 결정이 영원을 가는 사례는 생활 곳곳에서 많이 일어난다. 항공기에서 조종사와 부조종사 간의 커뮤니케이션에서 부조종사의 판단이 옳을 경우라고 하더라도 조종사는 선뜻 받아들이지 않으려 한다. 선후배 관계이지만, 직급에는 위아래가 확실하기 때문이다. 알량한 자존심 문제가 걸려 있다. 후배의 조언이 때론 약이 될 수 있으나 받아들이려 하지 않음으로써 사고가 일어난다.

사실 인생사 전반적인 양상이 껄끄러워지고 인간관계가 소원해지는 첫 번째 원인은 커뮤니케이션의 부조화 때문이다. 이혼도 서로를 이해하거나 알려고 하지 않는 커뮤니케이션의 불통에서 시작된다.

'계급장 떼고 회의하자!'

'원활한 커뮤니케이션이 최고의 명약'이라는 구호는 진리를 아는 기업 사이에 부는 새로운 회의 문화다. 일방적 통보형식에서 회의가 회의다워지고 있다. 이는 상당히 중요한 것으로 생산성과 창의성에 최대 승부처가 되기 때문이다.

"형, 동생 떼고 이름만 부르자!"

히딩크 감독의 주문은 우리로서는 무척 난감하고 당혹스러운 것이었다. 그러나 이것이 모든 상하관계의 무거운 그늘을 말끔하게 없애주고 일사불란한 조직력과 통합력을 가져왔다.

언어불통은 최악의 사고를 일으킬 수 있으며, 반대로 긍정적인 언어소통은 최고의 수익을 가져올 수 있다. 커뮤니케이션, 소통은 21세기의 삶의 방향키를 쥐어줄 최대의 동력이다.

03
대화 시
유념해야 할 부분

2009년 10월 미국 인디애나주 인디애나폴리스의 한 은행에 강도가 들었다. 수표를 현금으로 바꿔주는 소형 은행이었다. 그는 여직원 혼자 있는 은행에 들어가 총으로 위협하며 돈을 다 내놓으라고 엄포를 놨다. 그런데 갑자기 여직원이 울음을 터뜨리는 것이 아닌가. 강도가 물었다.

"아니, 갑자기 왜 우는 거요?"

"당신이 너무 불쌍해요. 새로운 인생을 시작할 수 있어요. 우리 같이 기도해요. 신께서 당신을 구원해 줄 거예요."

오랜 설득 끝에 강도는 겨누던 총을 내려놓고 무릎을 꿇고 참회기도를 시작했다.

"두 아이를 키우느라 강도짓을 시작했습니다. 잘못했습니다."

강도는 여성에게 용서를 구했고 10분 동안이나 눈물 어린 참회의

기도를 했다고 한다. 여성은 강도를 안아주며 위로했다고 한다. 위험한 순간을 기도로 환기시킨 그 여직원의 용기와 재치가 대단하다.

2010년 2월 부산시 사상구 덕포동에서 집 안에 있던 예비 여중생을 납치하고 성폭행, 살해하고 유기한 김길태 사건이 있었다. 그는 강력한 혐의자로 묵비권을 행사하다가 심경이 움직여 자백하였다. 경찰에 붙잡힌 지 5일째가 되도록 입을 굳게 닫았던 피의자 김길태는 거짓말탐지기와 뇌파 조사를 마친 뒤, 프로파일러와 면담하는 자리에서 이 같이 말했다.

"다른 사람 말고 꼭 그분에게 진실을 말하고 싶습니다. 그 수사관님을 불러주세요."

김길태는 앞에 있는 프로파일러 대신 자신을 인간적으로 대해 주었던 수사본부 박 모 경사를 찾았던 것이다. 박 경사는 김 씨를 조사할 때마다 범죄 사실을 털어놓으라고 김 씨를 압박하는 대신 심경 변화를 일으키기 위해 '인간적으로' 접근했다.

"나도 딸만 둘 있는 아빠다. 네가 내 심정을 알아? 너한테 끔찍하게 성폭행당하고 살해될 때 이 양이 얼마나 고통스러웠는지 네가 상상이나 할 수 있을까? 무참히 살해된 어린 딸을 먼저 보낸 이 양 부모는 얼마나 괴로웠겠어."

자백을 받기 위해 자신을 호되게 추궁하기보다는 '딸 가진 부모' 입장에서 김 씨의 심경 변화를 유도한 것이다.

김 씨가 공감 능력이 떨어지는 것으로 알려져 있었으나 박 경사에게만은 자신의 처지에 대해 괴로운 심경을 허심탄회하게 털어놨다고 했다. 사람은 괴롭거나 화가 나거나 울분이 가시지 않거나 너무 감격을 해도 말을 잇지 못한다. 더구나 모진 압박과 추궁이 들어왔을 때 제대로 말을 하기란 쉽지 않을 것이다.

그러한 상황을 인간적인 면으로 잘 풀어간 박 경사는 위기상황을 지혜롭게 대처해나간 사람이다. 다양한 상황에서 나는 얼마나 지혜롭게 처신할까 자문해 볼 필요가 있다. 평소 논리적으로 생각하고 정리해서 말하는 연습은 이렇게 순간의 위기에서 발휘될 수 있다.

반대의 경우도 있다. 조선 중기, 조광조는 연산군의 폭정으로 얼룩진 조선을 바꾸려 한 중종 때의 사상가이자 개혁가였다. 조광조는 34살에 관직에 입문하여 중종의 신임 아래, 역사상 유례를 찾을 수 없는 초고속 승진을 통해 조정의 실력자로 떠오른 인물이다. 그러나 개혁추진 과정에서 그를 신임하던 왕이자 개혁 파트너이기도 했던 중종에게 살해당하고 만다.

조광조는 고지식하고 한번 마음먹으면 오로지 그 길로만 파고드는 외골수였다. 그런 만큼 상대적으로 적도 많았다. 조광조는 미친 사람이란 말을 들을 정도로 성리학 연구에 집중했으며 그 외의 것은 거들떠보지도 않았다. 곧기만 하면 쉽게 부러지듯이 그는 너무나 강직했으므로 융통성과 타협이란 있을 수 없었다. 더구나 그 당시 사회적 분위기는 중종 초기, 정치세력의 판도를 뒤집으며 정권의 주도권을 확보해가는 과정이었는데, 개혁이라는 새로운 바람 그 중심에 조광조가 있었던 것이다. 기존의 기득권 세력인 훈구파 대신들은 조광조를 눈엣가시로 여겼다.

그런 와중에 도가 지나치다 싶을 만큼 강직한 조광조는 중종에게 까지도 강하게 상소를 올리고, 경연에서는 호되게 호통치며 왕을 가르치려 했다. 그는 계속 왕을 압박해갔다. 강하게 몰아치는 조광조에게 서서히 빠져나가고 싶은 중종, 왕은 서서히 지쳐가고 있었다. 그러나 눈치도 없이 조광조는 해를 거듭할수록 왕에게 요구하는 강도가 세졌으며 오가는 대화에도 거침이 없을 정도였다. 하루에 네 번까지도 마다하지 않고 경연을 열게 한 조광조는 하품을 하던 왕에게 부덕하고 학문이 모자라다며 몰아세웠다.

피폐한 백성을 위해 여러 가지 제도 개혁을 요구하고 모두가 잘살 수 있는 조선을 만들기 위해 애쓴 조광조였으나, 그러한 공보다는 '스피치 커뮤니케이션 능력 부족'으로 결격 사유가 더 컸다. 상대를 보고 대응하고 상대에 맞는 대화를 했어야 했다.

결국 조광조와 척을 진 대신들을 앞세워 중종이 조광조에게 사약을 내리게 되는 비극으로 끝을 맺었다. 그의 생각이 옳다 그르다를 떠나서 그의 말하는 태도, 강약, 상대적 배려 등이 너무나 미약했다. 그것 때문에 미움을 샀고, 더욱더 적을 양산해내는 요인을 만들어낸 것이다.

왕을 그렇게 자주 뵈었어도 왕의 심기를 단 한 번도 헤아리지 못한 것이다. 상대에게 맞는 스피치, 상대를 배려하는 스피치가 부족했던 탓이었다. 말의 내용보다는 그 말하는 태도, 목소리, 억양 등이 훨씬 더 중요하다는 교훈을 주는 사례다.

04
긍정의
절대 달인

    최악의 상황에서도 긍정적인 자세와 시각을 갖는 것은 가히 세상을 쥐락펴락할 줄 아는 힘을 가진 것과 같다. 그만큼 현실이 힘들고 사는 게 결코 만만치 않다는 뜻이다. 그러나 긍정의 에너지가 만들어지면 거기서 오는 효과는 실로 대단하다.

    1. 희망찬 말을 하게 되어 대인관계가 원만해진다.

    2. 세상을 보는 시야가 넓어진다.

    3. 삶이 윤택해진다.

    4. 상대적인 비교로 위축되거나 우울해지지 않는다.

    5. 자신을 존중하게 되고 좋아하게 된다.

    6. 어떠한 고통과 힘든 일이 있어도 의연해진다.

    7. 자신의 인생을 시트콤으로 생각하며 즐기게 된다.

8. 누구를 원망하거나 불평하지 않는다.

9. 건설적이며 희망적인 생각으로 문제를 풀 수 있게 된다.

10. 사람들이 주변에 많이 모여들고 인기가 상승한다.

긍정적인 사람은 창의적 발상을 하기도 쉽다고 한다. 미국 코넬대 엘리스 아이젠 교수는 긍정적 기분을 느낀 협상가들이 복잡한 교섭에서 융통성 있는 해결책을 찾을 확률이 더 높다는 사실을 밝혀냈다.

"안녕하세요. 아트 부크월드입니다. 제가 조금 전에 사망했습니다."

이 인용문은 2007년 향년 81세로 타계한 미국의 유머 칼럼니스트 아트 부크월드(Art Buchwald)의 동영상 내용이다. 날카로운 풍자가 가득한 칼럼으로 사랑을 받아온 부크월드는 본인이 직접 미리 제작한 동영상에 출연해 자신의 사망 소식을 알렸다. 마지막 순간까지 유머를 잃지 않는 모습이었다.

그는 죽기 1년 전 당뇨병이 악화되어 한쪽 다리를 절단했으며 신장 투석도 거부했다. 그러면서도 자신의 칼럼을 통해 워싱턴의 호스피스 시설에서 죽음을 맞는 과정을 특유의 유머러스한 필체로 묘사하며 낙관적인 정신과 의연함을 과시하기도 했다. 부크월드는 신장 투석을 중단하고도 예상보다 생존기간이 길어지자 다음과 같은 칼럼을 쓰기도 했다.

"전에는 신경 쓸 필요가 없던 일이 많이 생겼다. 아침마다 면도도 해야 하고, 휴대전화도 해야 하고, 괜찮은 신제품을 추가 구입도 하고, 유언장도 새로 작성했다. 장례 계획도 처음부터 다시 짜야 했다. 또 하나, 조지 W. 부시 대통령을 다시 걱정하기 시작했다."

결국 호스피스 시설을 떠나 집으로 돌아온 그는 2006년 11월 자신의 투병생활을 담은 『안녕이라고 말하기엔 너무 이르다』라는 책을 펴내기도 했다.

아이러니하게도 이처럼 해학이 넘치는 부크월드의 어린 시절은 매우 불우했다. 1925년 뉴욕에서 태어난 그에게는 평생을 정신병원에서 지냈던 어머니가 있었고, 아버지마저 사업에 실패하여 보육원에서 어린 시절을 보냈다. 부크월드는 회고록에서 "우울증을 심하게 앓은 적이 두 차례나 있었으며, 자살충동을 느낀 적도 있었다"고 고백했다. 그는 「뉴욕타임스」와의 인터뷰에서 삶의 의미를 묻는 질문에 이렇게 답변했다.

"글쎄, 잘 생각해 보지는 않았지만, 아마 다른 사람을 웃게 만들기 위해 태어난 것 아닐까요?"

가난과 역경 속에서도 초연해질 수 있는 사람은 극히 드물다. 그런 환경 속에서도 건설적이고 건강한 마음을 갖는다는 것은 스스로 축복을 만드는 일이다. 축복이란 누가 쏟아주는 게 아니다. 마음 하나 바꾸면 되는 아주 간단한 일이다.

자신이 긍정적인 사람이라고 소개한 어느 교육생은, 아침에 넘어지면 '하하! 오늘 넘어졌으니 좋은 일이 있겠구나'라고 생각한다고 했다. 좋은 습관이다.

징크스에 시달리는 예민한 사람은 그 징크스라는 싱크홀에 빠져버리기 쉽다. 그리고 잘 안되는 일이나 부정적인 생각이 들면 넘어진 것에 초점을 맞추고 자신에게 '그것 때문이야!'라고 주문을 건다. 징크스에 대한 과민성은 자신을 옭아매는 밧줄로 둔갑한다. 그 밧줄을 긍정의 힘으로 과감히 잘라버리자.

05
이야기를 활용하는 효과적인 방법

이 세상 모든 것은 이야기로 만들어진다. 인류의 역사도 다 이야기로 남는다. 그도 그럴 것이 인간은 이야기를 좋아하는 본성이 있다. 옛이야기부터 드라마와 영화에 이르기까지 이야기가 아닌 것이 없다. 그리고 그 이야기는 설득에서부터 마케팅, 비즈니스로까지 이어진다. 이야기는 많은 시간이 걸려도 푹 빠져들게끔 하는 마술적 요소가 있다.

자기소개를 할 때도 그렇고, 제품을 소개할 때도 그렇다. 협상을 할 때도 그렇고, 프레젠테이션에서도 중요하다. 하다못해 자기소개를 할 때, 면접에서도 이야기를 끌어내는 것으로 당락을 결정할 수 있다.

세상사 모든 것이 이야깃거리가 될 수 있다. 그렇다면 이야기를 어떻게 해야 상대에게 각인될 수 있을까?

첫째, 이야기를 할 때 열의와 열정이 전달되어야 한다.

이야기를 시작할 때 열정이 느껴지지 않으면 집중도가 떨어진다. 마치 사무라이들이 시작 타이밍과 리듬에 목숨을 거는 것처럼, 상대가 느낄 수 있을 정도의 열정을 담아 이야기하라.

"단칼에 끝낸다는 생각으로 확실히 이길 수 있는 능력을 길러라. 이것이 모든 전투에서 승리하는 방법이다. 그러려면 충분히 연습하라."

일본 최고의 검술의 보유자 미야모토 무사시의 말이다.

둘째, 말하는 목적이 분명해야 한다.

이야기하다가 흥분하거나 과장하다 보면 샛길로 빠져버리는 우를 범하기 쉽다. 원래 하려던 이야기가 무엇이었는지 잊어버리는 경우가 있는데, 재빨리 중심으로 돌아와야 한다. 이야기를 할 때는 객관적이고 인간적인 묘사가 중요하다.

셋째, 사실적 요소와 감정적 요소를 잘 버무려라.

사실(Fact)이 아니면 곧 흥미를 잃기 쉽다. 그래서 사실적 요소에 감정의 닻을 내리면 흥미를 유도할 수 있다. 사실적 요소를 말할 때 주의점은 오보가 되어서는 안 된다는 점이다. 말하려고 한 그 사실을 청중 중의 누군가는 알고 있을 수 있고, 그것이 잘못된 정보라면 금세 실망하게 된다. 그렇게 되면 화자의 신뢰도가 급감하게 되기 때문에 사실성을 확보하는 일에는 충분한 정보와 암기력, 그리고 준비성이 있어야 한다.

감정적 요소를 표현할 때는 어느 정도의 스킬이 필요하다. 주변을 놀라게 할 만큼의 표현력과 감동을 배가시키는 스킬이 따라줘야 한다. 그래서 청중에게 각인되고 감동을 안겨주어야 한다.

넷째, 철저한 시간관념이 있어야 한다.

이야기 또는 강의 시간은 상대방 혹은 청중과 묵시적인 약속이다. 이야기를 하도록 허용되는 시간인데, 이 시간 안에 모든 것이 녹여져야 한다. 그래서 연습이 필요한 것이다. 주야장천 떠들어서도 안 되고, 설사 그렇게 시간이 주어진다 하더라도 그렇게 해서는 절대로 안 된다. 상대를 아랑곳하지 않고 쉴 새 없이 떠드는 사람은 어디에서든 용서받을 수 없다. 특히 현대인들은 그 누구도 좋아하지 않을 것이다. 약속한 시간 안에 여유 있게 말을 담아내야 한다.

좋은 이야깃거리를 수집하고 그래서 내 것으로 만들려면 꾸준한 연습만큼 중요한 것은 없다. 거기에 전문가나 다른 사람의 모니터링을 받아보는 것이 좋다. 아무리 많은 연습을 해도 자신의 단점을 발견하지 못하면 연습은 무용지물이 되기 때문이다.

06

인생에서
빛을 만드는 법

칠순을 넘겨 완전 할머니가 되어버린 왕년의 섹시스타 소피아 로렌을 외신기사에서 보고 깜짝 놀랐다. 그녀는 분명 늙고 주름도 있는 노인이었으나 이상하리만큼 섹시함은 그대로였다. 사진으로 봤으니 믿었지 기사만 있었으면 믿지 않았을 것이다. '아름다움이란 이런 것이구나!' 할 정도로 사진 속의 그녀는 정말 아름다웠다.

"저는 먹는 것을 굉장히 좋아하고 즐겨요. 음식을 만드는 것도 너무너무 재미있어요. 호호. 그리고 식사를 할 때마다 나의 멋진 모습을 상상한답니다. 그것도 아주아주 멋진 모습을요. 그렇게 나의 멋진 모습을 그리면서 또한 열심히 먹습니다. 물론 내 곁에는 언제나 사랑하는 가족들이 함께하죠."

그녀의 비법은 보톡스를 계속 맞거나 혹독하게 몸매 관리를 하는 대신 긍정과 상상의 뇌세포를 활용하는 것이었다. 멋진 상상은 현실에서 이루어져 나타난다는 티베트의 만트라 주문과 같은 이치를 실현한 것이 바로 소피아 로렌이 아름다운을 유지하는 방법인 것이다.

뇌는 복잡한 것을 싫어하며 알려고 하지도 않는다. 생각하는 대로 받아들일 뿐이다. 아무리 복잡하고 대단해 보이는 그 무엇이라도 결국 중심에는 '사람'이 있다. 그래서 결국 다양하고 복잡한 영역들의 중심에는 한 사람의 '말'이 존재하고 있고, 그 '말'에 의해서 인간의 역사는 만들어지고 종속되며 유지되어 변화를 만들어가기도 하고 완전히 다르게 창조되어 가기도 한다.

흔해 빠져서 그 중요성을 알아채지 못하는 산소처럼, 말 역시 그 중요성을 논하는 것이 우스울 정도로 식상해져 있다. 기껏해야 중요하다고 외치는 것은 외국어 정도이다. 그러나 그 어떠한 것을 표현하려 해도 '말'이라는 매개체가 없으면 아무것도 이루어질 수 없다. 조직을 형성하는 것도 그렇고 사회를 만들어가는 것도 역시 말에 의해서다.

말은 성대의 진동을 통해 외부로 흘러나오게 된다. 단순한 구조에서 나오는 것 같지만 그 말속에는 보이지 않는 강력한 힘이 내재되어 있다. 입 안에는 입천장을 따라 피아노 건반과 같은 84개의 극점이 있는데 높은 경지의 수행자들은 이것을 수행의 도구로까지 사용한다.

실제로 인도에서나 티베트, 몽고 같은 곳에서는 혼자 흥얼대는 중얼거림을 '만트라'라고 하는데 그러한 명상 상태에서 아주 깊은 내면의 수행으로 들어간다. 이것은 우주로 가는 길이며 우주와 내가 하나가 되는 길이기도 하다.

수많은 프로그램을 진행하면서 필자를 완전히 탈바꿈 시켜준 계기는 각계각층의 유명인사들과의 인터뷰였다. 최대한 게스트를 높여주는 역할이 거의 전부였으므로 진행자 역할이 10% 내외라면 나머지는 모두 게스트 몫이었다. 수많은 인생에서 빛을 낸 사람들에게서 배운 것은 이런 것들이었다.

1. 자신의 일에 대한 자신감이 있다.
2. 그래서 사는 게 즐겁고 항상 새롭다.
3. 돈은 인생의 전부가 아니라, 보조자 역할을 한다.
4. 일에 대한 소신과 확신을 열정적이고 정확하게 표현한다.
5. 자신이 밝아지면 주변을 밝힌다. 열정과 감동은 두고두고 그 여운이 전달되며 은근한 빛을 발산한다.

07

자신을 다시
일으켜 세우는 법

중국 최고 갑부 황광위(黃光裕)는 2004년 그의 나이 35세에 중국 부호 순위 1위에 당당히 올랐었다. 전 세계 CEO들의 필독지 미국의 「포브스(Forbes)」는 중국인으로서 2위에 올려놓은 상태였다. 도대체 어디서 이러한 힘이 발휘되는 것일까? 더욱 놀라운 것은 그가 반관반 민(半官半民)형 기업인도 아니고 순수 개인자본으로 가전제품 도소매 유통업체 궈메이(國美)를 일구어낸 것이다.

이 유통업체는 미국의 상징인 월마트 같은 것으로 중국의 위력을 유감없이 발휘한 결과였다. 그렇다면 대개 이렇게 생각할 것이다. 부모에게 물려받은 재산이 오늘날의 그를 만들어놓았을 것이라고. 하지만 천만의 말씀이다. 중국 남부 광둥성 산터우 부근의 인구 300명도 채 안되는 시골 출신이다. 그가 17세에 집을 떠나 20년 만에 금의환향한 셈이다.

그는 자신의 성공비결을 큰 꿈과 일밖에 모르는 부지런함이라고 했다. 그리고 그의 특별한 부지런한 힘은 바로 여기에서 나온다고 했다. 보통 자기계발서에서는 어떤 일을 추진할 때 '명확한 목표'를 설정하라고 한다. 하지만 그는 이것을 과감히 깨부순다. 그렇다고 목표 설정을 부정하라는 것은 아니다. 단지 접근 방식이 다를 뿐이다.

대부분 정확한 목표설정 후 사격을 하는데, 적중할 확률이 매우 낮다. 그래서 황광위는 조심스럽게 목표를 세우고 거기에 조준하는 것이 아니라, 무차별적으로 뚜두두두 총을 마구 갈겨 그것을 목표로 만든다. 그의 사무실에는 이러한 글귀가 있다고 한다.

〈상인들에게는 자신의 영역이라는 게 따로 없다. 상인들이란, 서로 어울려 함께 살아가는 것이다.〉

아마도 정글과 같은 거친 삶의 여정이 그를 그렇게 단련시켜 놓았는지도 모른다. 그는 고등학교를 중퇴하고 고향을 떠나 내몽고로, 베이징으로 각 지역을 떠돌면서 옷 장사를 시작하게 되었다. 다양한 경험을 쌓으면서 돈의 흐름이 보이기 시작하자 감(感)이 생겼다. 그는 신문 가운데 접히는 빈 공간에 광고를 싼 가격에 실어달라고 막무가내로 요청을 했는데 이것이 대박이 났다.

남부에서 북부로 흐르는 가전제품의 가격 정보를 완전히 장악하면서 이미 신제품이 이동하기 시작한 가전제품의 품목들은 엄청나게 싼 가격에 미리 처분하고, 신제품은 어디보다도 빨리 구해서 진열해 놓는 센스를 발휘했다. 그랬던 그가 2008년 말 돌연 주가조작 등의 혐의를 받고 구속되기에 이른다. 이에 중국 가전유통 업계에서 만년

2위였던 쑤닝전기가 중국 시장 내 1위로 올라선다.

그의 인생은 네트워크 비즈니스를 하는 사람들에게 교훈이 된다. 그가 한 일에 대한 잘잘못은 여기서 논할 필요가 없다. 학력도 없고, 가문도 없고, 인맥도 없는 상황에서 오뚝이처럼 스스로 일어선 그의 저력을 배우자. 그러한 힘은 어디에서 샘솟는 것인가. 그는 탁월한 수완과 순발력으로 중국뿐만 아니라 전 세계의 이목을 잡아끌었다. 대부분의 사람들이 실패하면 집안 탓, 부모의 무능력 탓, 학벌 탓 등 별의별 탓을 다 동원하는데 말이다. 그의 행동 철학은 이렇다.

"30%의 확신만 있으면 나는 바로 실행한다. 나는 일하면서 수정하고 보완하는 것을 좋아한다. 중요한 것은 감(感)이다. 또한 실제로 행동하는 것을 좋아한다. 명확한 목표를 굳이 설정할 필요는 없다. 목표가 너무 명확하면 많은 기회를 놓치게 된다."

자신의 능력과 의지에 얼마나 확신이 있는지 스스로 점검해보자. 자기가 자신에게 하는 말이 푸념인지, 원망인지, 확신인지에 따라 인생의 방향이 전혀 달라지는 것이다. 현시점에서 내가 나에게 하는 한마디는 어떤 것이며, 자기 확신은 몇 퍼센트인가?

네트워크 비즈니스에서는 자신의 부정성과 긍정성이 그대로 전염되기 쉽다. 자신의 확신이 곧 내 조직을 물들이며 그러한 감정이 그대로 복사되기 때문이다. 주저앉고 싶고, 포기하고 싶을 때 자신을 다시 일으켜 세우는 것은 자기 확신을 잃지 않는 것이다.

08
창의성에
대하여 1

　창의, 창조, 기발한 아이디어는 누구나 원하는 아이템일 것이다. 현대의 발 빠른 행보는 이러한 원동력이 없이는 그 어떠한 것도 빛을 발할 수 없기 때문이다. 혹시 떨어지는 주가그래프만 바라보고 넋을 잃고 앉아 있는가. 경마와 다를 게 뭐가 있을까 싶다. 이는 차곡차곡 쌓은 재테크 지식에 미래를 폭넓게 바라보고 이해할 수 있는 내공, 재운이 뒤따라야 가능하다.

　그 어떤 분야든 창의성이 필요하다. 남들 다 하는 것을 겨우 따라 하는 식으로는 이제 성공하기 힘든 세상이 되어버렸다. 인간 본연의 힘, 창의성이 꽃피워야 한다는 것은 정말 살기 좋아진 세상이 된다는 신호다.

　지금은 제2의 르네상스시대 문턱에 와 있다. 이 시대를 잘 열기 위해서는 모두가 정신이 건강해야 한다. 전환은 새로운 세상과 동시에 무지막지한 혼란을 가져오기 때문이다. 하지만 요즘 나라 안팎은 물론, 자연도 혼란스러워 여기저기서 있을 수 없는 기상이변, 자연재해, 전염병 등이 속출하고 있다. 경제의 흐름도 바뀌려고 몸부림치고 있다. 지구의 곳곳에서도 기존의 흐름에 역류하는 듯 보이는 여러 가지 사건들이 일어나고 있다. 혼란한 시기를 잘 통과하려면 지혜가 필요하다. 그래서 창의성이 필요하다. 창의적인 사람이 되려면 문화코드를 읽어야 한다. 또한 가까이 해야만 한다. 지금부터라도 이렇게 해보자.

1. 고정관념 버리기
2. 나만의 울타리에서 벗어나기
3. 다양한 분야의 강의 듣기
4. 천진한 아이의 눈으로 세상 바라보기
5. 내 주변의 가구 배치를 바꿔보기
6. 평범한 사물과 사람을 깊이 관찰하기
7. 장점과 단점이라는 이분법에서 벗어나기
8. 기존에 내가 싫어하고 피했던 것들을 역발상으로 바라보기
9. 보이는 것이 전부라는 생각 버리기
10. 끊임없이 변화하려는 마음의 주문을 읽기

이러한 10가지 마음을 지니기 위해서는 우뇌와 좌뇌를 동시에 사용할 수 있어야 한다. 나는 '좌뇌형, 우뇌형'이라고 못 박는 것부터 굳어져 가는 것이다. 무엇이든지 의미를 부여하고 거기에 나를 집어넣

으려는 것은 아마도 인간의 본성인 것 같다. 이 틀을 깨야 한다.

- 세상을 좀 뒤집어 보자 → 마음의 찌꺼기, 선입견, 편견 등을 탁탁 털어보자.
- 세상을 거꾸로 보자 → 하늘이 아래로 떨어진다.
- 세상을 엎어 놓아 보자 → 현기증이 나면서 나의 정체성을 잃어버릴지도 모른다.
- 세상 밖으로 잠깐 나가서 객관적으로 바라보자 → 갑자기 내가 사는 지구가 달리 보일지도 모른다. 보다 넓은 포용력으로 부드러워질 수 있다.

일련의 이러한 마음작용들은 자신을 다시 리모델링하는 효과를 준다. 계절이 바뀌면 옷장을 정리하고 대청소를 하듯, 내 머릿속을 청소해야 한다. 여기에 큰 기둥은 창의성이다. 자신만의 독특하고 수준 높은 창의성을 끄집어내자. 변화를 두려워하지 않는 대범함도 함께 있어야 한다.

09
창의성에 대하여 2
- 실천 편

일본의 두뇌학자 가와시마 류타 교수는 기적의 전전두엽 개발은 성공으로 가는 훈련이라고 주장했다. 전전두엽은 이마 쪽에 있는 두뇌로서 지식의 활용과 정보처리 활동 그리고 언어능력, 창의력, 상상력, 아이디어 등을 담당한다. 전전두엽에 이상이 생기면 언어 이상과 자폐증과 같은 증상을 보인다.

그는 갓 태어난 아기, 유아기 아동들은 전전두엽이 말랑말랑해서 창의성이 한창 개발되어 있다고 말했다. 그래서 상상력이 풍부하고 창의적이며 호기심이 많아 이것저것 물어보고 뭔가를 알아가려는 의욕으로 가득 차 있는데, 그러다가 외부의 규율, 지식, 규범 등으로 세속화되면서 점점 전전두엽은 굳어간다고 주장했다. 그래서 나이를 먹어갈수록 창의적인 아이디어 내기가 참으로 어려워진다. 그러나 적절한 습관을 바꾸면 다시 창의적인 두뇌로, 즉 말랑말랑한 전두엽으로 되돌아갈 수 있다고 한다.

정보는 촉각, 청각, 시각을 통해 들어오고, 들어온 정보는 뒤쪽 뇌에 저장된다. 반면 앞쪽 뇌는 들어온 정보를 필요에 따라 조각조각 나눠서 편집을 거쳐 한 편의 드라마나 영화를 만드는 것과 같은 역할을 한다. 즉, 앞쪽 뇌는 정보를 모아서 나름대로 해석하고 판단을 하고, 정보에 대한 선택과 집중을 한다.

뇌에는 해마 바로 앞쪽에 편도차라는 감정센터가 있는데, 이곳에서 감정이 불쑥 올라오기도 한다. 그리고는 전전두엽에게 충동대로 행동하라고 지시한다. 그런데 전전두엽 입장에서는 그것을 다 표현할 수도 있고 안 할 수도 있다. 전적으로 전전두엽 마음대로다.

앞쪽 뇌는 외부로부터 오는 정보와 뇌 내부에서 전달된 욕구를 조절하고 통합하는 사령탑이자 CEO 역할을 한다. 기업으로 말하자면 기획조정실, 구조본부, 기획센터라고 할 수 있는 곳이다. 어찌 보면 가장 인간다운 면을 나타내는 곳이기도 하다.

이곳에서 창의성, 상상력, 아이디어, 통제력, 리더십, 리더의 덕목, 자신감, 의욕, 도전의식 등이 발현되는데, 이곳이 개발되지 못하면 어떤 것에 쉽게 중독되거나 멍해지며 남을 따라 하기만 하고 전혀 자기 주도의 일을 하지 못한다. 전전두엽은 이렇게 사람이 사람다운 생활을 만들어가게 하는 곳이며, 사회에서는 성공으로 가는 리더의 면을 드러내는 곳이다. 그래서 소위 성공하고자 하면 전전두엽을 개발하라고까지 말하곤 한다. 그렇다면 전전두엽을 어떻게 개발할 수 있을까? 모든 것은 습관의 결과물이다. 성공도 마찬가지다. 성공으로 가는 습관을 기르자.

첫째, 글자를 소리 내어 읽는다.

가와시마 류타 교수는 20~30대를 대상으로 그룹을 지어 영어단어를 그냥 외우게 했고, 다른 그룹은 글자를 소리 내어 읽으면서 간단한 셈을 한 후에 영어단어를 외우게 했다. 단순히 영어단어를 외운 그룹은 12개 정도의 단어를 외운데 반해, 글자를 읽고 계산을 한 후에 단어를 외운 그룹은 평균 14개 단어를 암기할 수 있었다는 결과가 있다.

아이들은 몰라도 성인이 소리 내어 책을 읽는 경우가 거의 드물다. 그러나 소리 내어 읽는 행위는 전두엽을 자극시키고 굳어진 전두엽을 풀어주는 최고의 방법이다. 아침에 신문을 보거나 지나가는 간판이라도 소리 내어 읽어보자. 가장 중요한 연습이다. 소리를 낸다는 것에 초점을 맞추는 것이므로 가급적 크고 우렁차게 읽는 연습을 하면 좋다. 배의 힘으로 하면 발성도 좋아지고 발음도 좋아진다. 그리고 자신감도 덩달아 붙는다.

둘째, 계산기 대신 암산하여 그것을 소리로 말해본다.

암산을 할 때도 머릿속으로 조용히 하는 것보다 소리 내어 계산하는 것이 더 좋다. 답이 맞든 틀리든 상관없다. 암산을 한다는 것 자체가 두뇌를 움직이게 하는 것이며, 이를 자신의 성대를 통해 말한다는 점이 중요하다. 시장에 가거나 마트에 가서 장을 볼 때 암산을 해보자. 그리고 얼마인지 소리로 내볼 정도면 좋은 습관이 붙은 것이다. 주변의 시선에 아랑곳하지 않아야 오래할 수 있다.

셋째, TV는 자제하고 대신 대화하는 습관을 들여라.

인간이 인간다워지는 순간은 대화를 할 때다. 대화의 중요성은 현대에 와서 더욱 부각되고 있다. 인간은 커뮤니케이션 없이는 삶을 영위할 수 없다. 따라서 이익이 되는 커뮤니케이션 스킬을 배양해야 한다. 이 방법은 치매 예방에도 탁월한 방법으로 제시되고 있다.

대화는 나와 상대가 평등해지는 순간이다. '대화' 하면 커피숍, 카페가 생각난다. 카페는 그런 의미에서 상당히 역사적이고 철학적인 의미가 있다. 카페는 1645년경 베네치아에 많이 생겼는데, 처음에 시민들은 카페를 매음과 도박의 온상으로 생각했다.

그러나 시간이 지나면서 카페들이 많아지고 이용자가 늘면서 카페에 대한 나쁜 인상이 서서히 없어졌다. 1674년 런던에서는 이런 문구까지 상용화될 정도로 카페는 획기적인 곳이었다.

〈고상한 귀족과 사업을 하는 부르주아층 외에도 누구든 환영합니다. 그러나 누구든 높은 신분의 사람이 왔다고 해서 자리를 권해서는 안 됩니다.〉

즉, 어떤 특권층에게만 제공하거나 특별한 대우를 하는 곳이 아니라, 계층을 초월해 평등하게 소통할 수 있는 곳이 바로 카페라는 곳이다. 당시 전 유럽을 지배했던 권위의 상징인 교회는 성스러운 곳으로서 상하관계가 확실했고, 관청 역시 권력과 권위가 팽배한 곳이었다. 그러나 카페는 개인적인 대화를 나눌 수 있었고, 누구나 눈을 맞추고 평등하게 이야기를 나누는 자유의 장이 되어갔다.

이러한 사적인 대화의 공간은 유럽 사회 전반적으로 영향을 끼쳤다. 교회에서의 성찬식처럼 절차가 복잡한 것도 아니고, 술을 마실 때다들 일제히 기립하고 술잔을 들면서 잔을 올릴 필요도 없이 자연스럽게 마시면 됐기 때문에 카페의 문화는 급속도로 퍼져나갔다.

17~18세기 문학 하는 사람 치고 카페에 매일같이 드나들지 않은 사람이 없었다. 카페에 모여 담론을 즐기면서 문학에도 큰 변화가 일어났다. 대화체 문장이 생생한 현장감으로 만들어지고, 서민도 주인공으로 등장하기 시작했다. 그리고 여론을 형성하는 공간으로 만들어지면서 시민의식, 민주주의의 발전의 토대가 되었다. 정치적인 혁명도 바로 카페에서 만들어지게 되었다. 카페에 가야 새로운 정보를 듣고 토론을 하면서 새로운 아이디어도 샘솟게 할 수 있었다.

각 방면의 사람들이 모여들면서 세상을 바꿔보려는 토대와 각 예술장르의 변화도 여기에서 비롯되었다. 프랑스에서도 마찬가지로 카페의 역할은 정치적 공간으로서 초기의 역할을 하게 된다. 영국에서 로이드 카페가 생겼는데, 여기서 로이드라는 사람이 최초로 「로이드」라는 신문을 만들게 되었기 때문이다. 선박에 짐을 맡길 하주들에게는 중요한 정보처가 되었고, 언론의 발전이 여기에서 시작되었다.

또한 영국 런던의 일간신문도 카페에서 만든 「가디언」이라는 잡지로부터 출발한다. 언론, 신문 자체가 카페에서 생겨난 것이다. 프랑스

혁명, 시민주의, 민주주의, 공산주의 등 수많은 정치혁명의 시작도 카페에서부터였다. '프라하의 봄'으로 유명한 1968년 체코에서 일어난 민주자유화운동도 카페에서 일어났다.

1954년 요한 하위징아는 『호모 루덴스』라는 책에서 '놀이가 인간 문화를 창조하는 힘이다'라고 하면서 일상에서 벗어나 꿈을 꾸고 그 꿈을 실현시키는 방법을 만드는 공간으로써 카페를 찬양했다.

카페는 이렇듯 지극히 인간적인 만남, 대화, 평등, 자기계발 등으로 발전되는 계기를 마련해주었다. 이러한 역사적 전환점을 만들어준 카페는 만남을 통해 수많은 일들이 만들어질 수 있도록 해주고, 성공으로 가는 플랫폼 역할을 해주었다고 볼 수 있다. 앞으로 더욱 사람과 사람의 만남이 어려워지는 시점에서 가장 인간적이고 성공으로 가는 교두보로서의 대화에 대해 생각해 보았으면 한다.

Part 03

유쾌하게
승리하는
대화법

01
가장
돈 버는 말

IMF 시절에도 그랬지만, 경기가 나빠지면 사회는 혼란에 빠지기 쉽다. 대량 해고, 항의시위, 강력범죄, 자살률 급증, 자포자기식의 도미노 현상이 벌어진다. 사회가 각박해져가면 불평불만이 여기저기서 터져나온다. 지하철이나 공공장소에서 부딪히거나 했을 때 좀처럼 '죄송합니다. 미안합니다. 실례합니다'라는 말이 쉽게 나오지 않는다. 마음에 바늘 하나 들어갈 여유조차 없다는 의미다.

2006년 런던에서 발행되는 시사주간지 「이코노미스트」에서는 '가장 돈 버는 말'을 선정해서 발표했다. 그것은 바로 "죄송합니다"였다. 자신의 실수와 잘못에 대한 인정은 참으로 하기 힘들다. 단 1분도 채 안 걸리는 이 말이 가장 경제적이고 돈을 벌어들이는 말이라는 것이다. '마음의 여유가 없이는 성공을 꾀할 수 없다'는 의미로도 해석될 수 있다.

우리에게는 한 치의 여유가 필요하다. 서로를 배려하는 따스한 온기가 필요하다. 그것이 경제에 미치는 영향은 마치 나비효과와 같다.

한국고용정보원은 지난해 5월부터 11월까지 국내 608개 직업에 종사하는 2만 1700명을 대상으로, 임금 결정에 영향력이 큰 44개 업무 능력에 대한 고임금 종사자와 저임금 종사자의 점수를 비교 분석해 발표하였다.

이에 따르면, 고임금 종사자는 '듣고 이해하기'에서 평균 5.05점을 얻어 저임금 종사자 평균(4.14점)보다 0.91점이 높았다. '읽고 이해하기' 능력 역시 고임금 종사자는 5.1점, 저임금 종사자는 4.19점으로 0.91점의 차이가 났으며, '글쓰기' 능력에서도 고임금 종사자(4.72점)와 저임금 종사자(3.92점)의 점수 차가 0.8점이 났다.

좋은 직업을 갖고 자신의 능력을 발휘하기 위해선 다른 사람의 얘기를 잘 듣고, 글로 자신의 의사를 효과적으로 표현하며 합리적 의사 결정을 할 수 있는 '소통' 능력을 키울 필요가 있다. 이제 커뮤니케이션 능력은 다방면에서 요구되고 있다. 대통령에서부터 말단 직원까지 커뮤니케이션 능력이 없으면 실패와 성공의 기로에서 헤매게 된다. 그래서 각 기업에서는 신입사원부터 전 사원에 걸친 커뮤니케이션 교육을 병행해야 한다. 학교 교육에서 전혀 못했던 학습을 사회에서라도 가르쳐야 한다. 그렇지 않고는 세계화의 흐름에 편승할 수가 없다. 대한민국의 전통적 고집과 습성만 갖고는 그 어디에도 낄 수가 없기 때문이다.

필자가 얼마 전 만난 한 수련관 관장은 독특한 카리스마로 이 시대를 살아가고 있었다. 그의 신조는 "내가 맞추냐? 상대방이 맞추도록 해야지!"였다. 자신의 기세를 자랑 삼아 떠드는 사람이었다. 관장은 아래 직원들은 그 앞에 조아린다고 말하며 그것이 당연한 것인 양 너무나 당당하게 종횡무진 떠들었다. 그러다가 자신의 주장에 직원이 맞서기라도 하면 가만두지 않는다고 했다. 어떻게 해서든 눌러버려야 하기 때문이다. 처음 만난 자리에서 그는 연신 떠들었고 자신의 주장을 계속해서 펼쳤다. 함께 있는 사람들은 조용히 듣고만 있었다. 그의 일방적 커뮤니케이션은 허공을 가로질러 마구 퍼져나갔다. 그의 미래는 보지 않아도 불 보듯 뻔하다.

서로 대화하고 존중하고 맞춰가고 이해해줘야 한다. 독단적 카리스마가 마치 멋진 리더십인 양 착각하는 사람들이 많아질수록 사회는 더욱 각박해져 간다. 커뮤니케이션의 기본은 '양방향'이다.

02
자신과 먼저
만나야 한다

자신의 본뜻과 드러나는 모습이 별개일 때가 종종 있다. 심지어 우리의 일상생활 중에서 겉으로 드러나는 모습은 빙산의 일각일 수 있다. '내 생각은 그런 게 아니었는데' 하며 후회도 종종 한다.

인간은 하루에 2500여 차례에 걸친 커뮤니케이션을 하는 것으로 알려져 있다. 자기 자신과의 커뮤니케이션(Intra-Personal Communication)과 대인커뮤니케이션(Inter-Personal Communication), 조직 내에서 행해지는 조직커뮤니케이션(Organizational Communication)과 사회적으로 이루어지는 사회커뮤니케이션(Social Communication) 등이다. 이렇게 다양한 커뮤니케이션으로 하루를 만들어가고 나 자신의 위치도 만들어간다.

이러한 커뮤니케이션 속에서도 가장 근간이 되는 것은 자신과의 커뮤니케이션이다. 하루에 2500여 회에 달하는 커뮤니케이션에서도 1000번 이상은 자신과 이루어진다. 심지어 사람은 자면서도 자신과

500~600번의 커뮤니케이션을 한다고 한다. 꿈을 많이 꾸는 사람은 예민한 사람들인 경우가 많은데, 하루 중에 자신의 잠재의식 속에 녹아 들어가 있는 생각들이 꿈으로 나타나는 경우이다.

일상적으로 의식하는 부분은 5%, 잠재의식 95%가 자신을 조정하고 표현하고 있다. 잠재의식이란 굳이 의식을 골똘히 하지 않아도 자연스럽게 하는 행동 전부를 말한다. 이처럼 잠재의식 속 스피치 커뮤니케이션이 얼마나 중요한지는 미루어 짐작할 수 있다.

그런데 이것은 자신이 만들기 나름이다. 이것이 우리에게 희망을 주는 부분이다. 잠재의식이란 자신이 얼마든지 만들 수 있는 영역이기 때문이다. 나에게 플러스가 될 것인가 마이너스가 될 것인가는 전적으로 자신의 몫이고 의지다.

현대인에게 생각할 시간은 그리 길게 주어지지 않는다. 순간적인 결단력을 요하는 일이 대부분이다. '좋다, 나쁘다, 마음에 든다, 안 든다, 흡족하다, 싫다, 예쁘다, 밉다' 식의 2분법적 결론을 내야 일을 많이 처리할 수 있기 때문에 그렇게 길들여지고 있다. 디지털 시대답게 0과 1 사이에서 살아가도록 조정당하는 느낌이다. 아침 출근할 때 불쾌한 일이 있으면 그날 하루 종일 기분이 안 좋고, 머리로는 이미 끝난 일이니 잊자고 해도 부아가 치민다. 이렇게 사소한 것이 결국 자신의 발목을 잡고 입을 열 때 너무나 힘겹게 만든다. 모든 것이 다 잠재의식의 소행이다.

'사람들 앞에서 발표할라 치면 긴장되고 목소리가 떨린다. 누군가에게 제품을 소개해야 하는데 생각만 해도 끔찍하다. 상사 앞에서 보고하는 것도 무섭다'라는 생각이 들 때는 잠시 멈추어보자. 잠재의식에 명령을 보내면 자신도 모르게 그 명령에 따라 행동하게 되는데, 이 점을 역으로 이용하자. 잠재의식 속에 강한 자기긍정과 인정을 불어넣어줘야 한다.

세뇌란 그래서 활용하기에 따라 무서운 재앙이 될 수도 있고, 영광스러운 나 자신을 만들 수도 있다. 지금부터 시작해보자.

03
호감과 신뢰를 남기는 말

기업에 취직하기 위해 보는 것만 면접(interview)이 아니다. 네트워크 비즈니스에서 사람을 만나는 일 또한 면접을 보는 것과 같다. 사람을 만나 제품을 소개하고 회사를 소개하는 일련의 일들도 다 면접이라고 할 수 있다.

우선 취업할 때만 보더라도, 현대 사회에서는 필기시험보다 오히려 더 면접에 비중을 두는 추세로 바뀌고 있다. 시험으로만 모든 것을 평가했던 지난날의 1차원적 평가방법으로는 글로벌 사회에서나 무한 경쟁시대에서 살아나갈 수 없다는 것을 알기 때문이다. 앞으로는 면접을 다각도로 하기 때문에 자신을 돋보이도록 해야 한다. 면접은 그 사람의 인격, 도덕성, 습관, 버릇, 지식 정도, 인간성 등을 골고루 살펴볼 수 있는 최고의 마당이기 때문이다.

네트워크 비즈니스에서 사람을 만나는 일은 가장 중요한 일이다.

사람들을 만날 때 자신을 소개하고, 사업을 소개하고, 제품을 소개하는 일은 면접과 다를 바가 없다. 아는 사이일수록 더욱 신중해야 하기 때문이다.

첫인상은 어느 위치에 있든 어느 자리에서든 무척 중요한 변수다. 면접에서는 거의 첫인상으로 승부를 거는 경우가 많기 때문에 그 중요성은 아무리 강조해도 지나치지 않다. 그럼 어떻게 첫인상을 가꾸어야 할까?

1. 거울을 보며 인상을 체크한다.

호감 있는 인상인지 자신을 면밀히 관찰하고, 거울을 보며 표정 관리를 꾸준히 한다. 생전 웃지 않는 사람이 갑자기 웃으려면 그처럼 어색한 것도 없다.

2. 항상 반듯한 자세를 유지하고, 용모 단정한 모습을 갖춘다.

3. 시선 처리에 신경 쓴다.

다른 곳을 살피거나 시계를 자주 쳐다보거나 상대방의 다른 것에 시선을 두어서는 안 된다. 산만해 보이고 신뢰성이 떨어질 뿐 아니라 뭔가 속이는 게 아닌가 하는 인상을 줄 수 있다. 무엇보다 상대방은 자신을 무시한다고 생각하기 쉽다.

4. 매너를 지킨다.

아주 사소한 부분이 크게 보이기 쉽고, 사소한 면으로 전체적 인상을 흐리게 할 수도 있기 때문이다.

5. 들어서서 앉으라고 할 때까지 기다려라.

의자가 있으면 으레 앉아야 한다는 식으로 재빠르게 앉으면 무례해 보인다. 세세한 부분까지 상대방에 대한 예의를 잊지 않는다.

이러한 기본적인 행동과 자세를 갖춘 후 이번엔 면접에서 돋보이는 스피치를 하자.

1. 심플하고 간단명료하게 한다.
장황하게 시작하지 않는다.
2. 상대방이 관심이 적거나 없더라도 포기하지 않고 즐거운 대화를 이어나간다.
사업이야기는 지양한다. 오랜 시간을 두고 이야기한다는 여유를 갖는다.
3. 부드러운 표정과 정확한 표현, 전달력 있는 음성으로 되묻지 않도록 한다.
4. 상대방이 궁금한 점을 물을 때 애매하게 대답하지 않는다.
5. 최종 결정이 되기 전까지는 섣불리 앞서 나가지 않도록 한다.
네트워크 비즈니스에서도 상대방에게 다그치듯 결론을 내라고 강요하거나 몰아치지 않도록 한다.

면접관이 체크하는 항목은 다음과 같다. 자체 점검을 할 때도 이 점을 상기하면 도움이 될 것이다.

항목	내용	여부
표현력	얼마나 잘 표현을 하는지, 그 표현을 적절하게 하고 있는지 여부	
논리력	횡설수설하지 않고 맥을 잡아 말하는지, 논리성을 지니고 있는지 여부	
설득력	상대방에게 호감 있는 말을 하는지, 단어 구사를 상황에 맞게 하는지 여부	
열린 사고와 능동적 자세	자신의 개성을 바탕으로 누구와도 화합할 수 있는가 여부	
조화력	어느 한쪽으로 치우친 내용은 아닌지, 극단적으로 치닫지는 않는지의 여부	

04
폭언이 습관 되면
병이 된다

　이청준의 우화소설 『미친 사과나무』에서 말의 신중함을 다시금 느끼게 된다. 어느 마을 사람들이 배나무를 심었는데 돌연 사과가 열려버린 것이다. 마을 사람들은 이 과일을 무엇이라고 부를지 고민하다가 배나무에 열렸으니까 '배'라고 부르자고 했다. 그런데 문제가 생겼다. 원래 자라온 진짜 사과나무의 열매를 무엇이라고 불러야 하나라는 것이었다. 그러나 사람들은 배나무에 열린 배와 같은 과일이니까 배라고 불러야 옳다고 하면서 '배'라고 불렀다. 타 지역의 사람들이 이것을 보고 비웃었다. '사과'를 '배'라고 한다고 비웃자 화가 난 마을 사람들은 말썽이 된 사과나무들을 몽땅 베어 없애 버렸다는 내용이다.

　말이란 인간생활에서 만들어진 서로 간의 약속이다. 마음을 전부 보여줄 수는 없지만 말로써 진실성을 보여줄 수는 있다. 말이 무너지면 진실성이 무너진다. 신뢰감이 추락해버리고 사회는 혼란스러워진다. 그래서 우리는 모두 말에 책임을 져야 하고 함부로 말을 해서도 안된다. 입에 침이나 바르는 말이나 궤변들, 말장난, 독선적 말투, 위장술, 이간질, 말 바꾸기 등이 말을 근본적으로 부정하도록 만들고 있다.

그중에서도 독백, 중얼거림, 혼잣말, 생각하는 말 등이 가장 중요하다. 무의식적으로 툭 튀어나오는 욕설과 비난은 자기 자신도 모른 채 하나하나 자신을 만들어가고 있다. 특히 운전할 때가 자기 자신과 만날 수 있는 최고의 장소가 아닌가 싶다. 아무 생각 없이 욕설이 나오는 버릇이 생기기 쉽기 때문이다. 상대의 차가 새치기를 했을 때나 마음에 들지 않는 차를 만났을 때 내 자신이 어떤 말을 하는지 관찰해볼 필요가 있다. 말이란 자신의 인격 그 자체이고 속내를 들여다볼 수 있는 단서가 되기 때문이다.

거짓말이나 욕설이나 반복의 반복을 계속하게 되면 그것이 더 이상 거짓말이나 욕설로 느껴지지 않는다. 이것은 무서운 잠재의식 속 체화가 되어 뿌리 깊은 습관이 되어버리게 된다. 말이란 그 사람 자체를 대변하기 때문이다. 가끔 자신의 마음과 달리 말이 나올 경우, 주변의 오해를 불러일으키기도 한다. 특히 정치인의 경우 이러한 말 한마디는 치명적인 결과를 낳는다.

내 후배 중에는 늘 불평불만을 하고, 그 말로 혼자 흥분을 하고 그를 바라보는 타인에게 자신의 불만을 강요하는 악습에 젖어있는 이가 있다. 그는 늘 조직의 단점을 파헤치고 자신만이 정의의 사도인 양 부르짖었다. 얼핏 들으면 악습을 고치고 개선하려는 것 같아 보였지만 그냥 거기서 끝이었다.

그 말들은 결국 자신의 패망을 불러들였다. 다른 부서로 이동해서도 늘 불평을 입에 달고 살았다. 다른 부서에 가서 만약 그렇지 않다면 우리 부서에 분명 문제가 있을 것이란 생각이 들 정도로 말이다. 새로운 부서로 옮기고도 전 부서에 대한 간섭을 끊임없이 해됐다. 그러나 역시 그는 다른 부서로 가서도 계속해서 단점과 불평불만만 털어놓았다. 그런 말을 들어 줄 호락호락한 인물들이 아니라는 것을 뒤늦게 깨닫고 그는 자신의 그런 버릇을 고치려고 하는 줄 알았는데, 더욱 강도를 높이기만 했다. 팀장이 여럿 바뀌었어도 그에 대한 평가는 변함이 없었다. 늘 불평만 하고 자신의 능력은 보여주지 않는 사람으로 찍혀버렸다. 그 밑의 후배나 또 그 밑의 밑의 후배들이 결국 그보다 더 높은 직급을 달았어도 그는 늘 불평이었다.

"사회가 나 같은 인재를 알아보지 못한다."

그는 아직도 이렇게 생각하고 있다. 이런 마음가짐으로는 자신이나 타인 모두 누구 하나 승자가 될 수 없다. 그러한 사람을 안고 있는 조직, 사회 역시 승자가 될 수 없다.

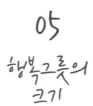

05
행복그릇의 크기

연일 폭염으로 기승을 부리던 어느 날이었다. 후끈 달아오르는 기온만큼 사람들의 불쾌지수도 올려놓았다. 지방 강의를 끝내고 서울행 버스를 타기 위해 작은 터미널로 들어갔는데, 연세가 지긋하신 분이 작은 매표소에서 표를 끊어주고 있었다. 매표소 안은 바깥보다 훨씬 더 더웠고 돌아가는 선풍기는 오히려 더운 바람만 가중시키고 있었다. 그분은 있는 대로 인상을 쓰며 귀찮다는 듯이 사람들을 대하고 있었다.

표값이 11,000원인데 5만 원짜리밖에 없었던 나는 미안한 마음으로 5만 원을 내밀었다. 그러자 그 노인은 이런 손님이 제일 밉다면서 버럭 화를 내기 시작했다.

"잔돈도 안 갖고 왔어요?"

너무 더워 눈을 제대로 뜨기조차 힘든 상황에서 쥐 죽은 듯 서있어야만 했다. 마치 죄인처럼 말이다. 가까스로 거스름돈을 받아 나오는데 이게 뭔가 싶었다. 밖의 태양은 이글이글 타오르고 일순간도 서 있을 수 없는 상황에서 가슴이 답답해졌다. 왜 감정을 있는 그대로 드러내며 쏘아붙여야 할까. 그래야 속이 시원해질까. 일이 단순히 삶의 무게를 짊어지고 살아가기 위한 방편이라면 매일매일 짜증만 쌓일 것이다. 강압적인 삶은 오래 지속될 수 없다.

행복지수 1위의 코스타리카는 의외로 이혼율이 높다. 이곳은 마당의 레몬나무에서 레몬을 따 수돗물에 레몬즙을 넣어 즉석에서 레몬주스를 만들어 먹는다. 집에서 나오면 원숭이, 나무늘보 등 동물들이 즐비하다. 이들은 일상을 동물들과 함께한다는 의식이 자연스럽다. 근처 물가에서는 싱싱한 물고기를 잡는다. 자연에서 얻어올 수 있는 것이 풍족하니 여유가 있는 것이다. 축적을 할 필요도 없고 무언가 모아서 잔뜩 재워놓아야 한다는 욕심도 필요 없는 곳이다. 권력욕도, 재물욕도 없는 것 같다. 현재를 진정 즐기는 사람들이다. 그래서 자연스런 감정 표출이 원활하고 이에 따라 사람의 감정도 형식이나 체면, 의식 없이 표현하는 것 같다.

어쨌든 보통은 무조건 돈을 벌어 와야 한다는 강박관념으로 살면 낮에는 짜증만 나고, 밤에는 잠도 안 온다. '일은 생계 수단이다'라는 것이 우리의 몸과 마음을 잔뜩 죄고 있다. 행복은 자신의 일에 대한 열정과 자부심이다. 날씨가 더워도 즐거운 표정으로 인사를 나누는 사람도 있고, 시원한 공간에서 다툼이 일어나는 곳도 있다. 문제는 자신의 행복그릇의 크기다.

06

표정에서 미래를 점칠 수 있다

　공무원이나 기업체, 직장인, 대학생 등 영역이나 성별, 연령에 상관없이 강의를 다니다 보면, 교육생들의 반응과 자세는 각양각색이다. 중년 남성들이 대부분인 교육장에서는 교육생들의 표정이 거의 정지상태다. 왜 앉아있는지 모를 정도로 멍해 있으며 심지어는 혼이 나가있는 듯한 모습이다. 흐트러짐 없이 똑바로는 앉아있으나 그것이 전부다.

　교육 역시 근무의 일환이다 보니 스트레스인 것 같다. 삶을 비집고 나가야 하는 그들의 고민이 느껴진다. 무표정으로 일관된 그들은 기본적인 질문을 던져도 대답조차 하지 않으려 한다. 손을 들도록 쉬운 질문을 유도해도 손조차 들려고 하지 않는다. 그저 멍하니 쳐다만 볼 뿐이다.

　이러한 모습은 대학생도 마찬가지이다. 한창 열정과 열의가 솟구치는 나이답지 않게 늘어져 있다. 학점이라는 미끼가 던져져도 핏기 없이 앉아 있다가 조금 웃다가 만다. 시대적 피곤이 한꺼번에 보인다. 이들의 고민덩어리는 또한 나름대로 대단할 것이다.

열정과 열의가 사라진지 오래다. 자신감도 없다. 한 학급에서 떳떳하게 말할 수 있는 학생이 과연 몇이나 있을까. 하지만 반드시 자신의 삶에 대한 열정을 피워내야 한다. 우리의 미래는 이러한 열정과 열의가 지펴져야 밝아진다.

대개 스피치 교육이라 하면 겁부터 낸다. 교육장에 들어오길 꺼리는 마음도 이해한다. 소위 스피치 교육이다 보니 한 번쯤은 누군가 말하는 것을 시키지 않겠나 하는 막연한 불안감이 서려 있다.

"대중공포증이 있는 분?"이라고 물으면 그 질문 자체로 겁을 먹기 시작한다. 마치 잡아먹힐까봐 잔뜩 겁먹은 닭들 같다. 그저 물어볼 뿐인데, 손을 든다는 것이 얼마나 부담스러운지 알 것 같다.

"말하는 것에 대한 두려움이 있는 분?"이라는 질문에도 같은 반응이다. 너무나 당연한 질문이어서 그런가? 전혀 손을 들지 않으려 한다. 어찌 보면 너무나 쉬운데도, 손을 든다는 행위가 거북한 것이다.

스피치 커뮤니케이션에서 내가 말하는 부분은 10%, 나머지 90%는 상대방을 위한 배려이다. 즉, 상대방과의 소통이 전제조건이 되어야 말이 시작된다는 의미이다. 손을 드는 행위, '네, 아니요'를 자신의 발성을 통해 소리를 내는 행위 등은 훌륭한 대응이며 이 자체도 스피치 커뮤니케이션의 행위이다. 이것에 대한 부끄러움과 하찮다는 생각은 스피치에 대한 거부감의 일종이다. 굳은 표정, 화난 표정, 열정이 느껴지지 않는 눈빛은 시대를 거부하는 표정이며, 과거로 숨어버리려는 소극적이고 수동적인 표정이다. 표정 하나로 많은 것을 연결할 수 있기 때문이다.

'사람에게서 빛이 난다'라는 말이 있다. 아우라가 느껴진다고 하는데 이는 표정과 큰 관계가 있다. 밝은 표정은 미래지향적이고 삶에 대한 도전의식과 자신감을 심어준다. 이목구비를 초월해 설사 시작단계일지라도 해보려는 의지, 뭔가 잘될 것 같은 암시, 빛이 만들어지는 과정, 사람됨의 발로, 대인관계의 장점 등으로 부각될 수 있다. 1초도 안 걸리는 표정 전환! 내 인생의 미래를 만드는 길이다. 밝아지자.

07

한비자에게 배우는 대장부 리더십

한비(韓非, 기원전 약 280~233년)는 『한비자』를 저술한 전국 시대 중국 한(韓)나라의 정치사상가다. 일찍이 형명과 법술을 익혀 중앙집권적 제국의 체제를 적극적으로 창도한 법가 이론의 원류로 알려져 있다. 순자의 문하에서 공부한 한비는 순자의 성악설과 노자의 무위(無爲)사상을 이어받고 상앙(商鞅)의 법과 신불해(申不害)의 술(術)로 통섭식 조화의 학문인 법술을 만들어냈다. 전국시대 약소국이던 한나라 사람인 한비(韓非)는 점점 강해지는 주변국과 약해지는 한나라가 걱정돼 『한비자』를 집필하였다.

2500년 전 중국은 춘추전국시대로 처절한 생존의 시대였다. 당시 한 학파는 나라를 통치할 때 '예'를 우선시해야 한다고 했고, 다른 학파는 '법'을 우선시해야 한다고 했다.

이 혼란기에 한비는 '법'을 강조하면서 시(때)를 중시하는 타임 철학을 내세웠다. 즉 상황을 유연하게 판단하고 분석하여 그에 따라 법과 시스템을 바꾸는 것이 난세를 살아가는 방법이라고 설파한 것이다. 한번 흘러간 물은 다시 돌아오지 않는 것처럼, 그는 우선 때를 중시했다.

첫째, 상황이 바뀌면 그 상황에 맞는 전략을 바꿔라.

19세기의 정신을 가진 교사가 20세기의 교실에 앉아서 21세기의 아이들을 가르치고 있다. 과거지향적인 공부를 가르치는 사람은 어디에서나 많다. 직장에서도 마찬가지이다. 리더십을 발휘한다는 것이 시대착오적인 모습으로 아랫사람들을 오히려 괴롭히는 양상을 보일 때가 많기 때문이다. 이 시대의 지도자라면 지금 이 시대 일을 논하는 사람이어야 한다. 그것을 논한 결과로 그 현재 상황에 맞는 대비책을 만들어야 한다. 당시 한비가 그랬던 것처럼.

둘째, 상황에 맞는 말을 해야 한다.

상황에 맞는 말을 하기란 어려운 일이지만, 노력을 하면 달라질 수 있다. 한비는 원래 유세객이었다. 돌아다니면서 자기 생각을 팔고 다니던 사람이라 순간순간의 상황에 능했고 그 상황을 잘 보고 표현해야만 했다. 거기에서 나온 그의 주장이 바로 이것이다.

"사람이란 말을 해야 할 때가 있고, 말을 하지 말아야 될 때가 있다"는 그가 강하게 주장하는 말들 중의 하나로 꼽힌다.

한비자 「세난 편」엔 이런 이야기가 있다.

용(龍)은 원래 생긴 것과 다르게 성질이 온순해 잘 길들이기만 하면 사람이 타고 다닐 수도 있다고 한다. 그러나 이 용의 목 밑에는 지름이 한 자나 되는 거꾸로 박힌 비늘이 있어서, 그것을 실수로라도 건드리게 되면 용은 그 사람을 죽이고 만다는 것이다.

이처럼 군주에게도 거꾸로 박힌 비늘 같은 것이 있으니, 진언하는 사람은 그 비늘을 건드리지 않으면서 전달해야 한다고 한비는 말한다. 한비는 신하의 입장에서 진언을 할 때 군주의 약점이나 아픈 부분을 건드리지 않는 것이 얼마나 어려운 일인가를 강조하고 있다. 일반적으로 상사의 기분을 상하게 하는 것을 '역린(逆鱗)을 건드린다'라는 말로 표현하는데, 역린을 건드렸다면 설득은 포기하라는 엄청난 충고를 주고 있다.

군주를 설득할 때는 첫째, 상대가 무엇을 원하는지를 정확히 파악해야 한다. 둘째, 신임을 먼저 얻어놔야 한다. 셋째, 주제넘게 참견하거나 가르치려 들면 좋아할 사람은 없다. 넷째, 상대의 기분을 헤아린 뒤에 설득해야 한다.

이렇게 시대에 적중한 사상을 펼친 한비는 그러나 한나라 사람이면서도 한나라의 군주에게 인정을 받지 못하고, 진나라 황제가 그의 가치를 인정하여 그의 사상으로 천하를 통일하는 힘을 만들었다. 한비는 이처럼 똑똑하고 빛나는 사상적 힘을 내비쳤지만 정작 말이 어눌하여 자신의 가치를 잘 표현하지는 못했다.

셋째, 기술을 키우고 끊임없이 공부해야 한다.

생각은 끊임없이 변한다. 이는 노력과 기술에 따른 것이 아니라 본능이다. '처음엔 좋았는데 나중엔 싫어지더라' 하는 게 인간의 본성이다. 이것을 죄라고 할 수는 없다. 하지만 인간의 무상함을 느끼게 된다. 사람과 사물은 말할 것도 없고, 인간관계에서도 그렇다. 죽자 살자 쫓아다닐 때는 언제고 한순간 배신을 한다. 목숨이라도 바칠 것처럼 충성하더니 마음속에는 다른 꿍꿍이를 품고 있다. 이러한 미묘한 마음의 작용이 언제부터 어떻게 시작되었는지를 알기란 어렵다. 이것이 모두 인간의 역사일 것이다.

소위 대장부라면 어떠한 기본 철학 아래 사람을 대해야 하며, 좋았다가 싫었다가 하는 변덕스러움을 갖지 않기 위해 사랑의 기술을 익혀야 한다. 사람을 아끼고 이해해주는 기술. 이러한 것이 현대 리더십의 가장 중요한 덕목이다.

한비가 말하길 리더는 핵심을 꿰뚫고 조직을 엄하게 감독하되, 해야 할 일과 하지 말아야 할 일을 구분할 줄 알아야 한다고 했다. 이것이 끊임없는 노력의 일환이다.

리더라고 욕망만 강하고 자리에 대한 욕심으로 꽉 차 있다면 진정한 리더십을 발휘할 수가 없다. 한비자 「외저설 우하 편(外儲說 右下篇)」에 보면 이런 글귀가 있다.

'나무를 흔들 경우 한 잎 한 잎 끌어당기면 힘만 들뿐 전체에 미치지 못하지만, 그 뿌리를 좌우에서 친다면 잎이 다 흔들리게 될 것이다.… 그물의 그 많은 눈을 하나하나 끌어당겨 얻으려 한다면 이것은

힘만 들고 어려운 일이다. 하지만 그물의 벼리를 당기면 물고기는 이미 그물 속으로 들어와 있을 것이다.'

리더로 올라서기 전과 올라섰을 때는 마음가짐을 달리 해야 한다. 네트워크에서도 조직은 리더의 뿌리이며 그물의 벼리이다. 리더는 조직을 아우르고 관리하며 문화를 만들어가야 한다. 그랬을 경우 조직원 하나하나가 자발적으로 움직이며 조직문화를 즐기고 향유할 수 있을 것이다. 그것이 조직을 키우는 리더의 몫이다.

그래서 그는 「유로 편(喩老篇)」에서 '아는 것의 어려움은 남을 보는 데 있는 것이 아니라 자신을 보는 데 있다'라고 했다.

08
호랑이 손님의 마음 열기

필자가 가르치는 교육생 중에 헤어디자이너 손 씨가 있었다. 그는 2개월 전 다니던 미용실을 패션의 중심지 압구정동에 과감히 자신의 이름으로 미용실을 열었다. 30대 초반인 그가 젊음이라는 재산을 담보로 크게 시작한 셈이다.

그런 그가 스피치를 배우고자 찾아왔다. 일하는 내내 손님을 대해야 하는 그는 인맥도 없이 성실함과 나름대로의 서비스 철학으로 세상과 만나고 있다.

"전 머리를 자를 때는 아무 말도 안 합니다. 그저 머리에 몰두할 뿐이죠."

그런데 말이 한마디도 없으면 손님이 푸근한 맛을 느끼지 못하기도 하고, 친절한 태도를 달리 보여줄 방법이 없다. 미용실이 긴장감이 솟구치는 장소가 아니기 때문이다. 뭔가 편안함을 느끼고 싶고, 자신의 모습을 새롭게 단장하고 싶은 이들이 오는 곳이다. 나아가서는 스트레스를 날려버리고자 미용실을 찾는 것이다.

어느 날, 손 씨는 몸집이 크고 장대한 호랑이 같은 손님을 맞이하게 되었다. 호랑이 손님은 시종일관 똑같은 험상궂은 표정으로 일관했고, 말이라도 한번 붙일라 치면 눈을 감아버리거나 전혀 대꾸를 하지 않았다. 말이 없던 디자이너 손 씨는 평소 말 붙이기보다 더 어렵게 되자 머리에만 몰두하겠노라고 마음먹었다.

며칠 후, 이 호랑이 손님은 또 미용실에 들렀다. 시종일관 무뚝뚝한 자세를 유지해가며 말을 몇 마디 붙여 보려 해도 역시 미동도 하지 않았다. 그때 손 씨는 스피치를 배워야겠다고 결심하게 된 것이다. 아무리 대꾸를 하지 않는 사람이라도 마음은 있는 법. 마음을 파고들게 해야 한다고까지 생각이 미친 것이다.

필자는 따뜻한 말 한마디라도 꼭 해줄 것을 권했다. 대답을 기대하지 말고 그냥 말을 해보라고 했다.

"손님, 오늘 날씨가 참 좋네요."

"……."

조금 지난 후

"오늘 입으신 셔츠 색깔이 아주 잘 받으십니다."

"……."

이러한 식으로 손 씨는 조금씩 말을 전달했다. 대답을 그리 기대를 하지 않았기 때문에 부담이 없었다. 그렇게 몇 번을 하자, 호랑이 손님이 조금씩 말을 하기 시작했다.

며칠 후, 그 손님은 TV에서 쉽게 볼 수 있는 중견 탤런트를 데리고 왔다. 또 며칠 후에는 다른 지인을 데리고 와서 머리를 손질하도록 했다. 상대의 마음의 문이 열리기까지 대화자는 기다릴 줄 알아야 한다. 그리고 꾸준한 노력도 필요하다. 손 씨는 최고의 고객이 된 호랑이 손님을 자랑하느라 신이 났다.

흔히 스피치를 '얍삽한 스킬'로 단정 짓는 경우가 무척 많다. 살랑살랑 듣기 좋은 말로 상대를 현혹시킨다고 폄하하는 것이다. 솔직히 경우에 따라서는 이러한 것도 필요할 때가 있다.

그러나 기본적으로 스피치를 할 때는 상대에 대한 관심과 배려하는 마음이 갖추어져 있어야 한다. 어찌 보면 상대를 위한 나의 준비가 스피치라 할 수도 있다. 인간을 다루고 인간과의 교감을 만들기 위한 나만의 창조행위가 바로 스피치 연습이다.

Part 04

원하는 것을
더 많이 얻어내는
대화법

01

감성을
자극하라

며칠 전 미국 조지워싱턴대학의 미래학자이자 교수인 빌 할랄 (William E. Halal)의 강연을 들을 수 있었다. 레오나르도 다빈치, 엘빈 토플러 등과 함께 세계 미래학자 100인에 선정되기도 한 그는 미래기술혁명(Forcasting Technology Revolution)을 강조했다. '지식경제 이후, 새로운 문명 시대가 열리고 있다(Beyond Knowledge)'는 외침이었다.

"이제 농업과 산업, 그리고 서비스 · 정보(IT) 혁명에 이은 4번째 변화가 시작되고 있습니다. 이 시대를 사는 사람들은 단순 반복적인 육체적, 정신적 노동에서 벗어나 꿈과 이상, 도덕, 철학 같은 정신적 가치를 추구하게 될 것입니다. 2008년 하반기 리먼 파산 이후 시작된 세계적인 불경기가 그 시발점입니다. 이런 시대를 포스트 지식경제, 즉 'Beyond Knowledge'라고 합니다. 큰 위기는 인류에게 새로운 비즈니스라는 기회도 동시에 주고 있습니다. 인공지능이나 발전된 IT기술, 로보틱스 등은 인간을 단순 반복적인 육체, 정신노동에서 벗어나게 해줄 것입니다. 이제 보다 정신적인 것, 도덕, 철학, 신념 같은 분야에 사람들이 매달리고, 이는 또 다른 차원의 문명을 만들게 될 것입니다."

그러면서도 그는 스마트폰도 곧 사라지고 더욱 빠르게 진화된 기기들에 의존한 삶이 될 것이라고 했다. 그러나 의외로 그는 스마트폰을 사용하지 않는다면서 기존의 폰으로도 얼마든지 대화할 수 있다고 웃었다. 문제는 서로 간의 커뮤니케이션의 질과 방법이지 기계가 아니라는 의미였다.

생활 속 로봇이 거의 일상의 문제와 불편함을 해결해주고 나면 더 이상 할 일이 없어지게 될지도 모른다. 그러나 제아무리 진화된 기계라 할지라도 인간을 넘지 못하는 것은 분명히 있다. 바로 감정, 의식, 대화, 진심, 진정한 커뮤니케이션일 것이다. 그래서 더욱더 그 중요성은 커질 것이고 한 마디 한 마디가 소중해질 것이다.

네트워크 비즈니스는 그러한 면에서 어쩌면 지극히 인간적인 비즈니스이다. 기계가 전부를 대신해 줄 수 있는 것처럼 보여도, 알고 보면 대신할 수 있는 일은 극히 제한적이다. 네트워크 비즈니스는 사람과 사람의 만남으로 시작되며, 사람과의 인연 고리를 튼튼하게 이어가야 한다. 이러한 튼튼한 고리는 바로 스피치로 만들어지는데, 그 스피치가 커뮤니케이션의 역할을 수행해나갈 때 성공적인 빛을 발하게 될 것이다. 커뮤니케이션이란 쌍방향적이고 조화로운 만남을 전제로 하기 때문에 지극히 전략적으로 준비해나가야 한다.

미래학자 롤프 옌센(Rolf Jensen)은 21세기를 '드림 소사이어티'라고 정의했다. 드림 소사이어티는 한마디로 꿈과 감성이 지배하는 사회다. 그러면서 그는 1인당 국내 총생산이 1만 5000달러를 넘는 나라의 소비자들에게 상품의 기능은 더 이상 중요하지 않다고 강조했는데 이는 무슨 말인가? 결국 기업의 부는 상품의 기능적인 측면을 통해 이루어지는 것이 아니라, 소비자의 감성을 자극함으로써 이룰 수밖에 없다는 것이다.

어느 제과점에 케이크 이름이 독특해 그 재미로 케이크를 사는 사람들이 부쩍 늘었다. 사실 어디에서나 자주 보는 생크림 케이크, 치즈 케이크, 당근 케이크였으나 이름에 스토리가 연상되는 제목을 달아주니 달리 보였다. 계산대에서는 '누가 이 치즈를 먹어봤나요' 한 조각 주세요. '오 마이 베이비 망고 그리프트' 주세요 혹은 '토끼가 당근을 먹고 뛰어가요' 한 조각 주세요 등 이런 귀여운 이름들이 즐겁게 들려온다. 이야기를 머금은 이름도 한몫한 사례다.

자신이 하는 네트워크 비즈니스는 출발부터 과정 그리고 한 단계 올라가는 성공의 등선마다 모든 것이 다 스토리로 작용한다. 즉, 스스로 스토리를 만들어가는 것이다.

『보랏빛 소가 온다』의 저자 세스 고딘(Seth Godin)은 마케터는 '특별한 종류의 거짓말쟁이이자 탁월한 스토리텔러'라고 했을 정도이다. 성공적인 마케팅이란 소비자들에게 그 상품을 선택하고 싶은 마음이 생길 만한 스토리를 제공하는 것이다. 뛰어난 마케터는 감각에

호소하면서 강력한 첫인상을 지닌 이야기를 만드는 재주가 있어야 한다. 이것이 스피치 커뮤니케이션의 강력한 힘이자 자신을 성공으로 이끌 수 있는 원동력이다.

그 안에서 스토리텔링은 강력한 파워엔진이다. 디지털 시대에는 감성을 불러일으키는 스토리텔링의 힘이 크다. 다양하고 복잡한 사회일수록 스토리텔링을 통해 공감대가 형성되기 때문이다. 마음 깊이 파고드는 이야기의 힘은 커뮤니케이션의 한 장르로서 지식경제 이후의 가장 큰 힘이 될 것이다.

세스 고딘은 자신들의 스토리를 살아 숨 쉬게 만들고 그것에 대해 노력해야 한다고 거듭 강조한다. 그러나 그 안의 진정성과 진실성이 없다면 의미가 없다고 했다. 또한 그는 오늘날 기업의 성공과 실패를 결정짓는 요소는 '사람들이 이야기할 만한 것을 만들어냈는지와 제품에 대한 스토리를 전달했는지의 여부'라고 확언했다. 훌륭한 스토리를 만들어내는 일, 그것이 우리가 할 일이다.

02

고객에게
"예"를 유도하는 대화법

고객에게 여러 가지 상품이나 서비스를 기획, 제안을 하고 있는데, 고객의 눈빛이 흔들리며 갈팡질팡하는 모습이 보인다.

'어떻게 할까? 다음으로 미룰까? 아니지, 좋은 기회니까 사볼까?'

이때 고객에게 "예"를 유도할 수 있는 말은 무엇일까?

세일즈 화법은 네트워크 비즈니스 시에 응용할 수 있다. 한국의 정서상, 대부분의 상대는 네트워크 비즈니스에 부정적인 이미지를 가지고 있다. 네트워크 비즈니스에 대한 왜곡과 편견에 무조건적인 거부감을 드러낼 수도 있다. 이럴 때는 장기전으로 여유 있게 생각하고, 이야기할 때 쉬운 질문으로 긍정의 답을 이끌어내도록 유도한다.

심리적으로 말끝의 "까?"는 고객을 망설이게 한다.

"잠깐이면 됩니다. 1~2분 시간을 내주실 수 있겠습니까?"

'어쩌지? 거절해 버릴까?'

좋은 결과가 나오지 않더라도 한 번쯤은 망설이는 순간을 제공한다.

하지만 '죠'를 붙이면 '예'라는 대답이 나오기 쉽다.

"금방이면 됩니다. 1~2분만 부탁드릴게요. 그런데 ○○ 상품은 알고 계시죠?"

"예, 언뜻 들어본 적이 있습니다."

"~이 상품의 품질은 이제 아시겠죠? 하나 있으면 편리하시겠죠?"

"예, 그렇겠네요."

그러나 소비자는 만만치 않다. 얼마든지 거절할 수 있고, 시장에는 소개받은 제품 이외에도 유사한 정보와 제품들이 많다. 반드시 거절 내지는 거부부터 한다는 점을 알고 있어야 한다. 소비자는 깐깐한 트집쟁이다. 소비자는 꼬장꼬장한 시어머니다. 듣고 싶지도 않다는 철벽 거부도 흔하다.

그러나 그 반대라는 것은 '관심이 있다는 증거'라고 생각해야 한다. 진심으로 환영한다는 기분으로 대할 필요가 있다. '세일즈는 거절당했을 때부터 시작한다'라는 말이 있듯이, 영업이라는 일 자체에 반드시 '거절'은 붙어 다니기 마련이다. 이 거절을 많이 받는 사람일수록 많은 사람과 만나고 있으므로 성적이 오르게 된다. 그러므로 거절을 많이 받음에 긍지를 느낀다면 제 몫을 다 한다고 볼 수 있다.

"그런 상품 필요 없어요."

전면적 반대에 부딪힐 경우는 상대의 감정이 담겨 있는 경우가 많다. 상대방에게 심사가 불편한 일이 있다든가, 기분이 안 좋을 때 말을 붙인 경우 즉 귀찮을 때 등이 많다.

"좀 더 생각해 볼게요."

그 자체에 대한 관심은 있으나 타사의 제품과 비교하겠다든가, 일단 나중에 해보자는 등의 경우이다. 여지를 두고 있는데 지금의 이 어색한 자리를 피하고 싶어 하는 경우도 있다. 그럴 땐 그 사람이 관심 있어 하는 다른 부분에 대한 이야기를 하는 것이 더 낫다.

'이 사람에게 사도 괜찮을까?'

고객은 마음속으로 경계심을 품고 있다. 초면인 이 사람을 신용해도 좋을지, 이 회사와 제품은 과연 좋은 것인지 등에서 비롯된다. 시간을 두고 신뢰성을 주는 일에 주력한다.

고객이 특별한 대답 없이 망설이고 있을 때는 "어떤 이유로 망설이세요?"라고 과감하게 질문을 던져본다. 왜 반대하는지, 어떤 오해가 있는지가 나오게 된다. 네트워크 비즈니스에 대한 원천적인 오해와 부정적인 선입견이 나오면 그에 대한 설명을 해준다.

그래도 반대를 계속하면, 상대의 말에 수긍해준다. 그렇게 해준 후, 자신의 소신과 경험 등을 피력한다. 자신 외에 전문가나 유명인의 성공사례, 경험사례 등을 제시하면서 반대에 대한 더 큰 비전을 제시한다.

03
감정을 개방하면
자신감이 생긴다

　감정을 억누르고 자제하는 것을 미덕으로 여겨온 것이 우리나라의 전통 교육방법이었다. 양반일수록 더욱 그래야만 했고, 지금까지도 그 영향은 아직까지 남아있다. 감정을 있는 그대로 표현하면 되바라지고 집안까지 안 좋다는 평을 듣게 된다.

　그러나 말을 잘할 수 있게 하는 근원적인 힘은 바로 '감정'이다. 말을 잘하는 사람들은 여러 가지 상황에서 다양한 감정이 녹아든 말을 할 줄 안다. 감정을 순식간에 바꿀 줄도 안다. 감정을 억누르기만 하면 '화병'이 생기고, 가족이나 주변 사람들과 대화의 폭이 좁아진다. 심정을 표현하지 못하는 데에서 오는 갑갑증이 오해를 불러일으키고, 스스로 괴로워진다.

　자신감을 키우려면 어떻게 해야 할까? 자신감 있는 말을 감정에 실어 연습한다. 목소리를 크게 하면서 긍정적인 구호를 외치면 자신감도 생기고 감정 표현도 익숙해진다. 목소리를 키우면 자신감이 생긴다. 빠른 효과를 볼 수 있는데, 이것을 반복하면 오래 유지되고 자기 것이 될 수 있다.

'나는 멋있다.'

'나는 말을 잘한다.'

'나는 어디에서나 빛이 난다.'

'내가 말할 때마다 사람들이 좋아한다.'

'나는 말하는 것이 즐겁다.'

'나는 언제나 행복하다.'

'나는 이 일이 너무 좋다.'

'매일 매일이 희망에 찬다.'

'오늘도 즐거운 하루가 된다.'

긍정 암시문을 만들 때는 특히 자기 자신의 못난 면을 반대로 말해 보는 것이다. 이러한 말이 나와 정반대로 여겨지면서 오글거릴 수도 있다. 그러나 자꾸 외쳐 보고 연습하면 자연스러워진다. 반복을 통해 자연스러워지고 내 것으로 체득된다. 성공한 사람들은 그러한 부담을 뛰어넘는 사람이고, 실패하는 사람은 조금하다가 마는 사람이다.

이렇게 외치다가 나중에는 거울을 보면서 외친다. 더 부담스럽다. 그러나 그렇게 또 한 번의 부담을 느끼고 그 능선을 넘어버리면 또다시 자연스러워진다. 그렇게 됐을 때 남 앞에서도 긴장하지 않고 감정을 표현하고 자신감을 잃지 않게 된다.

이러한 긍정 암시문은 새로운 나로 변신시킨다. 내가 나를 멋진 사람으로 인정했을 때 상대방도 나를 멋진 사람으로 봐준다. 이는 철칙이다. 자기 암시는 그래서 무서운 것이다. 반대로 자기 비하를 반복적으로 하면 자살에 이르기도 한다.

웃음이 저절로 나지 않는데 억지로 웃어보면 뇌는 '뭔가 좋아서 웃는구나' 하고 느끼게 된다. 그래서 억지웃음이라도 자꾸 연습하라고 하는 것처럼, 가슴은 좁아들고 자신감은 없지만 그냥 자신감 있는 척하면 자신감이 붙는다. '이건 아닌데' 하면서도 지속적으로 하게 되면 마음에 영향을 미치게 된다. 문제는 지속적으로 해야 한다는 것이다.

몸가짐도 마찬가지다. 몸을 움츠리고 고개를 숙이고 앉아있을 때와 가슴을 쫙 펴고 다리도 거만하게 꼬고 앉아있을 때의 마음가짐은 전혀 다르다. 언제나 바르고 당당한 자세를 취하도록 하자.

미국 컬럼비아 대학교 성형외과 의사이자 심리학자 맥스웰 말츠(Maxwell Maltz)는 세계 인구의 95% 정도가 열등감을 느끼고 있다고 말했다. 역시 국내 한 취업사이트의 설문 결과에서도 직장인의 71%가 상사나 동료에게 열등감을 느끼고 있다고 답했다. 조각 같은 외모, 완벽한 몸매, 능력과 재력을 갖춘 유명인들이 TV를 장악하고 있는 요즘이다. 이런 사람들과 비교되면 자신의 열등감은 더욱 커지기 마련이다.

하지만 명심하자. 자신은 자신일 뿐, 평생 파랑새만 쫓아다니는 우둔함을 버려야 한다. 열등감을 나만의 개성과 특징으로 만들고 자신감을 장착한다면 얼마든지 전진해 나갈 수 있다. 내 마음이 행복하면 세상도 너그럽게 보이고 모든 것에 감사하는 마음이 저절로 피어오른다. 그러다가 내 마음이 지옥 같으면 세상에 대한 원망과 분노, 피해의식이 자신을 옭아맨다. 따라서 마음을 편안하게 만드는 것과 자신을 갈고 닦아 자신감을 잃지 않도록 유지하는 것이 중요하다.

자신감은 먼저 자신의 능력과 아름다움, 가치를 믿어주는 것으로 시작된다. 행동은 그러한 마음에서 명령받아 움직인다. 자신이 가장 중요한 존재라는 것을 명심하고 살아야 한다. 편안한 시간에 눈을 감고 몸과 마음을 이완해주는 방법도 좋고, 아름다운 풍경을 떠올려도 좋다. 아니면 몸을 움직이거나 춤을 추거나 흔들거나 했을 때 편안하면 또 그렇게 해도 좋다. 자신을 위한 평화로운 상태를 만드는 방법을 찾아라.

04

품격을 완성하는 것

곡부(曲阜, 취푸)는 현재 중국 산둥성 서남부에 있는 곳으로 춘추시대 노(魯)나라 때의 수도였다. 공자의 고향으로, 지금도 곡부에는 공(孔)씨가 20만 명 이상이나 거주하고 있다. 곡부에서는 순간 공자의 체취를 느낄 수 있을 것만 같다. 그러나 그는 다른 종교의 교주들처럼 신비스러운 존재는 아니었고, 지금도 그들과 다르게 그저 '지혜인'으로만 남아있다.

정상적인 혼인을 하지 않은 부모 사이에서 태어난 공자는 태생적 한계를 극복하고 돌파해나갔던 인물이다. 따라서 그는 자신의 삶을 통해 인생의 방법론을 자체 개발한 사람이다. 그의 말을 들어보자.

"나는 어려서 천하게 컸기 때문에 여러 가지 일을 해오며 살아서 모르는 일이 없게 되었다. 하늘에서 뚝 떨어진 천재가 아니다. 그래서 처절하게 세상을 알게 되었다."

그의 제자들이 공자의 수업 내용을 받아 적었는데, 그중 '인간관계론'이 눈에 띈다. 악조건 속에 사람들과 부대끼면서 목격하고 느낀, 그러면서 처절하게 고민했던 마음이 고스란히 드러난다. 그리고 결론을 내린다.

'배려, 신뢰, 존중 이 3가지가 인간관계, 소통(커뮤니케이션)의 최고 방법이다.'

그는 "배우고 때때로 익히면 또한 기쁘지 아니한가(學而時習之니 不亦說乎아)"[1]라는 말로 끊임없이 배우고 현장에서 반복 연습과 실습을 그의 주된 학습방법으로 일관되게 주장했다. 한마디로 공자는 현장가였다.

최초의 대학을 세울 만큼 그에게 제자들이 몰려들었는데, 이러한 현장가다운 공부 방법을 가르치기 위해 아카데미를 만들 수밖에 없었다. 공자의 아카데미 과정은 3년이었는데, 교육내용을 엿보면 예절, 음악, 말 타기, 글쓰기, 셈하기 등이 있었다. 특이한 점은 어떠한 주제에서도 끊임없는 토론과 논의방식을 고수해나갔다는 점이다.

지금껏 우리가 배워온 효와 충에 대한 사자성어가 여기에서 비롯되는데, 달달달 외운다고 공자의 참뜻을 알 수 있는 것이 아니다. 진정한 인간관계는 인간미, 인간다움을 바탕으로 하는 것이기 때문이다.

특히 공자는 타이밍을 중시했다. 상대의 처지와 상황, 누구냐에 따라 상황에 맞게 배려하라고 했다. 배려만큼 인간관계의 핵심은 설명해 줄 수 있는 것은 없다. 배려라는 말속에는 용서하고 이해하고 헤아려주

---

1 『논어(論語)』 학이 편(學而篇)

고 그 사람 입장에서 다시 한 번 생각해보는 것 등이 포함된다.

"내가 하고 싶지 않은 것을 남에게 베풀지 마라(己所不欲 勿施於人)."[2]

"내가 하고 싶은 일을 남에게 먼저 하라(己欲達而達人. 能近取譬. 可謂
仁之方也已)."[3]

곰팡내 나는 고전이라고 치부할 수 있을까? 황금 같은 한마디가
아닐 수 없다. 세상이 각박해질수록 우리가 더욱더 중시하고 되찾아
야 할 부분이 바로 이 인간다움이다.

우리는 서로 돕고 의지해야 하는 상생의 존재이다. 정글의 맹수들
처럼 서로 먹고 먹히면서 밟고 일어서야 하는 것이 아니다.

인간만이 할 수 있는 아름다운 관계를 만들어낼 수 있는 시스템이
네트워크 비즈니스에서는 실현 가능하다. "이것 하나 좀 해줘", "이번
만 도와줘" 하는 부탁형, 강압형, 동정심 유발형 스타일의 네트워크
비즈니스는 머릿속에서 지워라. 그리고 이렇게 외쳐라.

"같이 합시다.", "같이 갑시다."

'따뜻한 인간미'는 자신의 품격을 높이고 상대를 내 사람으로 만들
수 있는 최고의 무기다. 이것을 보여줄 수 있는 방법은 스피치다. 상
대를 위한 말과 관심, 즉 공자가 그토록 강조했던 '내가 하고 싶은 것
을 남에게 해줘라'라는 것을 실천하자. 이러한 품격은 저절로 만들어
지는 것이 아니다. 공자가 말한 것을 실천으로 옮길 때 뿜어져 나오
게 된다.

---

2 『논어(論語)』 위령공 편(衛靈公篇)

3 『논어(論語)』 옹야 편(雍也篇)

05

말로 운을 돌릴 수 있다

『사기(史記)』'소진열전(蘇秦列傳)'에는 전국시대에 구변 하나로 외교와 PR에 탁월한 능력을 발휘한 두 사람 소진(蘇秦)과 장의(張儀)의 이야기가 나온다. 이 둘은 불우하고 고된 생활을 했었는데, 귀곡(鬼谷) 선생의 밑에서 말의 중요성과 전략, 처세술, 합종과 연횡의 '종횡술(縱衡術)'을 배운 뒤 인생이 달라지기 시작했다. 그 기술을 가지고 여러 나라를 다니면서 연습과 실행을 해나가며 점차 외교가로서의 입지를 굳혀 나간 것이다.

그러는 가운데 그들은 저마다 전략술에 눈이 트이게 되었는데, 여기서 '합종연횡(合從連橫)'이라는 고사성어가 생겨났다. 합종연횡은 중국 전국시대 진(秦)과 그 밖의 6국(연, 제, 초, 한, 위, 조) 사이에서 BC 4세기 말, 진이 최강국으로 등장하면서 나오게 된 외교전술이었다.

갑자기 커진 진(秦)의 국위는 열국을 위협하게 되었다. 그리하여

동방에 있던 조나라, 한나라, 위나라, 연나라, 제나라, 초나라 등 6국은 종적으로 연합하여 서방의 진나라에 대항하는 동맹을 맺었다. 이를 '합종'이라 하는데 이러한 합종책을 주도한 사람이 바로 '소진'이다.

이에 위협을 느낀 진은 6국의 대진동맹을 깨는데 주력해 위나라 사람 '장의'로 하여금 6국을 설득하여 진과 6국이 개별적으로 횡적인 평화조약을 맺도록 했다. 이것을 연횡이라고 한다. 이 전략은 이 무렵 중원의 정치 무대를 휩쓸었다. 진은 6국 사이의 동맹을 와해시키는데 성공하고, 이들을 차례로 멸망시켜 중국을 통일하게 되었다.

현대에서도 복수의 사람이나 단체가 서로 연대하는 예는 흔하다. 특히 선거철 즈음이 되면 정치인들은 서로 헤쳐 흩어졌다가 공동 이득을 위해 다시 모였다가를 반복하는 모습을 보여주고 있는데, 이때 합종연횡이라는 말을 비유적으로 사용하고 있다.

이 외교술은 무기와 국방력, 그리고 국고같이 막대한 재원이 들거나 거대한 인력이 동원되는 일이 아니라, 말하는 능력 하나로 세력을 모으고 와해시켰던 것이다. 결과적으로 장의는 연횡책을 활용함으로써 소진의 합종책을 무력화시키고 진나라가 전국시대를 통일하는데 큰 역할을 했다.

무일푼의 장의가 위나라의 재상이 된 것은, 혀만 있으면 천하를 주무를 수 있다는 배포와 자신감 덕분이었다. 그의 이름이 세상에 알려지기 전의 일이다. 초나라의 재상이 연회를 연다는 소식을 듣고 장의가 그곳에 참석했는데, 마침 재상의 벽옥이 사라진 사건이 일어났다.

그 자리에 참석한 빈객들은 겉모습이 허름한 장의를 지목하곤 그를 몰아세워 심하게 때렸다. 만신창이가 되어 집으로 돌아온 그를 보고 아내는 탄식했다.

"이제 유세 같은 것 좀 하지 마세요."

"아직 내 혀가 있는지 봐주오. 아직 혀가 있다면 그것만으로 됐소."

그는 오히려 강단 있게 말하였다. 여기서 나온 말이 장의의 '견아설(見我舌)'이다.

이렇게 소진과 장의의 합종연횡의 스토리는 장의의 승리로 끝났다. 그렇다면 사기에서 '소진열전'이 아닌 '장의열전'이 되어야 옳지 않을까. 하지만 소진에게는 큰 배포와 마음 씀씀이가 있었다.

소진은 장의와 스승에게서 배울 때부터 자기의 재주가 장의보다 미치지 못한다는 것을 깨달았다. 소진의 대범한 동료애로 이 둘은 대립하지 않고 지낼 수 있었다. 소진은 장의를 뒤에서 숨어 도왔고, 그의 연횡책이 성공하게 된 밑거름이 되어주었다. 그런 소진은 자객에 의해 암살을 당하는 비극으로 삶을 마감했다. 역사는 실패로 끝난 소진을 더 높이 평가했다. 비록 그의 합종책은 빛을 보지는 못했지만 장의의 탁월함을 알아보고 오히려 그를 키우고 돕는 소진의 배려심을 높이 산 것이다.

현대도 전국시대처럼 혼란스럽다. 삼성과 구글이 만나 갤럭시폰을 출시하기도 하고, 애플은 자기의 최고 경쟁사인 마이크로소프트와 손을 잡기도 했다. 누구든 영원한 강자나 영원한 약자는 없다. 세상에 정해진 법칙은 없다. 변화되고 또 변하고 그러다가 다시 변하는 것이 세상이다.

개인도 마찬가지다. 네트워크 비즈니스는 그러한 면에서 가장 현대적이고 미래지향적인 속성을 지녔다. 개인의 스피치 능력, 커뮤니케이션 능력을 어떻게 코디네이션하느냐에 따라 결과가 따르는 일이기 때문이다. 가장 평등하고 상호공존적인 일이 아닐 수 없다. 그러나 이 일을 즐기기 위해서는 어느 정도의 인내심과 노력이 전제되어야 한다. 혀끝만 잘 굴리면 되는 일은 결코 아니다.

네트워크 비즈니스는 합종연횡의 소진과 장의를 모두 품고 있어야 한다. 그들의 노력과 준비, 연습, 전략 등을 갖추면 누구에게나 좋은 결과를 안겨준다. 그러기 위해서는 다음과 같은 노력이 필요하다.

첫째, 커뮤니케이션 실력을 기른다.

말 잘하는 사람은 타고났다? 그렇지 않다. 얼마든지 배우고 익혀서 능력을 펼쳐나갈 수 있으며 좋은 결과를 안을 수 있다.

둘째, 사람에 대한 관심을 키우고, 상대를 보는 눈을 키워나간다.

커뮤니케이션을 하기 위한 도구와 기계들이 생활 속에 파고들수록 인간관계는 더욱 중요해진다. 기계가 해줄 수 없는 부분이 바로 이것이기 때문이다. 문제는 그 기계를 사용하는 사람에게 달려있다.

셋째, 어떤 경우에도 자신감을 잃지 말아야 한다.

실컷 두들겨 맞고도 '혀만 살아있으면 뜻을 펼칠 수 있다'는 장의의 그 배포를 보라. 자신감과 굴하지 않는 용기는 내면에서 만들어지는 것으로, 성공의 가장 원초적인 밑받침이자 바로미터가 된다.

이 3가지를 꾸준히 연습한다면 능력을 배가시키고, 자신의 조직을 키워나갈 수 있다.

06
입소문 마케팅

　서동요(薯童謠)에는 백제에서 신라로 간 서동이 서동요라는 노래를 퍼뜨려 진평왕의 딸 선화 공주를 차지하게 되었다는 유래가 담겨 있다. 이것이 바로 현대의 '입소문 마케팅'이다. 계획적으로 소문을 내어 선화 공주를 차지하겠다는 서동의 작전이 맞아떨어진 것이다.

　이렇듯 입소문은 가장 고전적이고 가장 오래된 마케팅 기법이다. 로봇이 만들어지고 각종 첨단 기계문명이 날이 갈수록 출시되어 저마다 바쁜 이 시대에도 입소문을 무시할 수 없다. 꿀벌이 윙윙거리는 (buzz) 것처럼 소비자들이 입에서 입으로 전해진다고 하여 이를 '구전 마케팅(word of mouth), 버즈 마케팅(buzz marketing), 바이럴 마케팅(viral marketing)'이라고도 한다.

　특히 바이럴 마케팅은 네티즌들이 이메일이나 다른 전파매체를 통해 자발적으로 어떤 기업 또는 제품을 소개하는 것을 말한다. 중국

상하이에 있는 내 동생은 비싼 해외통화 중에서도 "언니 그거 봤어? 그 프로그램 말이야. 꼭 봐. 진짜 재밌어"라는 말을 하곤 한다. 특히 영화 같은 경우에는 시류에 밀리지 않기 위해서라도 재미있다고 입소문이 난 영화는 꼭 보려는 심리가 생긴다.

이런 식의 대화는 어떤 상황에서도 무난하기 때문에 말주변이 없다고 생각하는 사람이라도 쉽게 꺼내어 활용할 수 있다. 이야기를 통해 서로 탐색을 하다가 뭔가 맞아떨어지는 부분이 있으면 서로 마음의 문이 열리기 쉽다.

우리나라 최초의 만도기기의 김치냉장고는 입소문이 만들어낸 대작이었다. 일단 한 아파트 단지마다 무료로 김치냉장고를 6개월간 써보라고 하면서 마음에 들면 50% 가격에 살 수 있다는 조건이었다. 주부들의 고민이 단번에 해결되는 경험을 맛보게 한 것이다. 그 이후에는 사용한 여성들의 입만 열리기를 기다렸다. 계획대로 김치냉장고에 대한 소문은 파격적으로 번져나갔다. 원래 자동차 부품을 만들어 납품하는 하청회사인 만도기기는 다른 가전제품 회사와 나란히 경쟁하는 방법보다 입소문 방법을 택했는데 그 방법이 적중한 것이다.

네트워크 비즈니스는 TV 광고가 거의 없기 때문에 입소문 마케팅이 중요하다. 언론과 방송매체에 나오지 않아서 신뢰성이 떨어질 수도 있겠으나, 이것을 오히려 장점으로 부각시켜 홍보하는 방법을 모색해야 한다.

입소문 마케팅 성공법

1. 모임에 자주 나가라: 각종 다양한 직업군이 모이는 모임에 잘
끼어들어라.

2. 화젯거리를 많이 파일화시키고 수첩에 적어 둔다.

3. 각종 모임에서 사용해보고 사례를 만들어 본다.

4. 자기의 말이 설득되면 그때 상황이 어땠는지 메모해둔다.

5. 의도적 접근이 아니고 자연스러워야 한다.

6. 상대를 배려하는 마음이 기본이다.

7. 스토리텔링 모임을 만든다: 일주일에 한 번씩 만나 돌아가면
서 이야기를 한다.

사람에서 사람으로 연결되는 사업구조에서 가장 중요한 것은 입
소문 내기이다. 입소문은 시대가 아무리 변해도 항상 우리에게 중요
한 매체로 남을 것이다. 진정한 상도란, 장사는 이문을 남기는 것이
아니라 사람을 남기는 것이다.

07
대화의 행복

1969년 미국의 아폴로 11호가 인간으로서는 처음으로 달에 첫 발자국을 보여주자 구소련은 재빨리 화성 계획을 시작했다. 달 착륙 계획이 미국보다 뒤처지자 화성을 목표로 삼은 것인데, 달보다 화성으로 가는 것은 어마어마하게 큰 프로젝트였기 때문이다. 일단 시간도 30배 이상 소요되고 연료도 그만큼 많이 필요했다. 그래서 구소련은 1970년 소유즈 9호를 띄우고 우주에서 오래 머물기 프로젝트를 진행했는데, 놀랍게도 18일간이나 우주비행을 하는데 성공했다. 그러나 지구로 귀환한 우주비행사를 본 과학자들은 깜짝 놀랐다. 근육과 뼈가 쇠약해져 건강 상태가 몹시 좋지 않았기 때문이다.

결과적으로 봤을 때 화성 탐사는 불가능해 보였다. 이에 소련의 폴리야포크 박사는 자신의 몸을 실험용 삼아 연구하기 시작했다. 극도로 쇠약해지는 몸을 위해 운동요법을 고안해낸 것이었다. 체력 단련이 관건이라는 전제 아래 연구를 계속 해나갔다.

그런데 문제는 다른 데에 있었다. 바로 정신적, 심리적인 쇠약함이었다. 장기간 우주비행으로 오는 스트레스와 우울증이 모든 것을 쇠약하게 만들고 있었다. 폴리야포크 박사 역시 우주에 체류하면서 이상한 증상을 경험한다. 심한 우울증으로 스트레스 수치가 급격히 올라가는 것이었다. 이에 따라 크고 작은 실수가 계속 반복되어 나타났다. 그러나 박사는 가족의 사진과 가족과 함께 있었던 비디오를 보며 위안을 삼으며 지구로 돌아갈 수 있다는 사실에 모든 희망을 걸었다. 완전히 만족스럽지는 않았지만 말이다.

그로부터 25년 후, 1995년 우주인 5명이 폐쇄된 우주선에서 실험에 참가하였다. 이때는 식물 재배 즉, 의무적으로 밀을 돌보게 했다. 스트레스가 최대치로 올라가는 45일에도 우주인들은 자기에게 정해진 시간보다 서로 더 많이 밀을 돌보며 대화를 많이 나누고 웃음꽃을 피웠다. 밀이 잘 자라는 것을 보면서 지구의 향취를 맛본 우주인 전원은 기쁨과 대화의 일체감을 경험하면서 정서적인 안정과 편안함을 느꼈다고 말했다.

우리는 폐쇄된 공간에 있는 것이 아니기 때문에 잠시 밖으로만 나와도 행복을 느낄 수 있다. 행복은 느끼지 못하면 아무 소용없다. 행복이라고 느껴야 진짜 행복이다. 대화를 나눌 수 있고, 일체감과 공감대를 형성할 수 있는 대상이 있다는 것에 감사해야 한다. 인간이 인간답게 살아갈 수 있는 것은 서로 대화할 수 있기 때문이다. 산소가 있어야 생명을 연장하듯이 대화가 있어야 비로소 인간이 되는 것이다.

네트워크 비즈니스는 사람이 주체이며, 그 주체자들 간의 대화는 강한 유대감을 만들어준다. 특히 네트워크 비즈니스에서의 대화는 부가가치가 높다. 또한 조직을 키우며 서로를 성공으로 이끈다. 대화는 앞으로 더 중요해줄 것이다. 치매전문 의사들이 최고로 뽑는 치매 예방법은 '대화'다. 대화는 삶의 예술적 도구다. 그런 면에서 우리는 누구나 예술가이다.

Part 05

나를 더욱
빛나게 해주는
스피치 훈련법

01

좋은 목소리 만들기

매력적이고 좋은 목소리 관리법은 특별한 것에 있지 않다. 물을 자주 마셔 성대를 촉촉하게 유지시키고, 적정 습도를 유지하는 것이 좋다. 특히 겨울철 목을 따뜻하게 해주는 것이 중요한데, 잘 때나 컨디션이 안 좋을 때는 스카프를 두르고 자는 것이 좋다. 또한 규칙적으로 리딩 연습은 필수다.

반면 헛기침과 속삭임, 목에 힘줄이 설 정도의 큰 소리는 목에 좋지 않다. 말하기 전에는 탄산음료나 자극적인 음식, 담배, 술 등을 제한하고, 과식을 하거나 허기가 지는 것도 피하자.

좋은 목소리는 바른 자세에서 나온다.

1. 목을 똑바로 세운다.
2. 상체에 불필요한 힘을 뺀다.

3. 어깨 힘을 뺀다.

4. 복식호흡을 한다. 배에 힘을 준다.

5. 허리를 편다.

6. 엄지발가락에 약간 무게를 둔다.

바람직한 목소리

1. 자신감 있는 목소리

2. 싱싱한 목소리

3. 열정적인 목소리

4. 따뜻한 목소리

5. 소명의식 있는 목소리

6. 흡입하는 목소리

7. 즐기는 목소리

8. 생생한 목소리

9. 재미있는 목소리

10. 탁 트인 목소리

11. 자연스러운 목소리

발음연습표

가	갸	거	겨	고	교	구	규	그	기	게	개	괴	귀
나	냐	너	녀	노	뇨	누	뉴	느	니	네	내	뇌	뉘
다	댜	더	뎌	도	됴	두	듀	드	디	데	대	되	뒤
라	랴	러	려	로	료	루	류	르	리	레	래	뢰	뤼
마	먀	머	며	모	묘	무	뮤	므	미	메	매	뫼	뮈
바	뱌	버	벼	보	뵤	부	뷰	브	비	베	배	뵈	뷔
사	샤	서	셔	소	쇼	수	슈	스	시	세	새	쇠	쉬
아	야	어	여	오	요	우	유	으	이	에	애	외	위
자	쟈	저	져	조	죠	주	쥬	즈	지	제	재	죄	쥐
차	챠	처	쳐	초	쵸	추	츄	츠	치	체	채	최	취
카	캬	커	켜	코	쿄	쿠	큐	크	키	케	캐	쾨	퀴
타	탸	터	텨	토	툐	투	튜	트	티	테	태	퇴	튀
파	퍄	퍼	펴	포	표	푸	퓨	프	피	페	패	푀	퓌
하	햐	허	혀	호	효	후	휴	흐	히	헤	해	회	휘

02

아나운서가 알려주는
발성연습

문장연습(*141p 발음연습표 참고)

1. 먼저 가로로 읽어본다. 그리고 세로로 읽어본다. 읽을 때는 한 자 한 자 또박또박 정성을 다해 읽는다. 입을 크게 벌리고 소리를 크게 낸다. 복모음일 때는 더욱 정성스럽게 읽는다. 전문가의 조언이 필요하다.

2. 한 박자로 천천히 1회를 실시하고 또한 반 박자로 다소 빨리 읽는다.

3. 사선으로 읽어본다.

4. 가나라다- 마바사아- 자차카타파하 식으로 떼어 읽는다. 점점 빨리 읽는다.

5. 가나다라마바사아- 자차카타파하 식으로 한번 떼어 읽는다. 점점 빨리 읽는다.

6. 가나다라마바사아자차카파하를 한달음으로 빠르게 읽는다.

7. 가.나.다.라. 스타카토 식으로 하나씩 강하고 짧게 통통 튀듯 읽는다.

모음발성연습

1. 아 - 에 - 이 - 오 - 우(길게 발성하기)

2. 아.에.이.오.우(강하고 짧게 발성)

3. 아에이오우아에이오우아에이오우(연속적으로 반복 발성)

읽기 힘든 문장 읽어보기

1. 춘천 공작창 창장은 편 창장이고 평촌 공작창 창장은 황 창장 이다.

2. 고려고 교복은 고급교복이고 고려고 교복은 고급원단을 사용 했다.

3. 중앙청 창살 쌍창살 조달청창살 쇠창살

경찰청 쇠창살 외철창살 검찰청 쇠창살 쌍철창살

4. 대우 로얄 뉴로얄 한국관광공사 곽진광 관광과장

5. 신진샹송가수의 신춘 샹송쇼우

6. 대공원에 봄 벚꽃놀이는 낮 봄 벚꽃놀이보다 밤 봄 벚꽃놀이 니라.

7. 호동이가 밥집 술국밥값은 갚고 외나무 밥집장국 밥값은 안 갚고 내빼려고 한다.

8. 앞뜰에 잇는 말뚝이 말 맬 말뚝이냐 말 안 맬 말뚝이냐.

9. 박박사 뿔무뿌리는 소뿔물뿌리고, 곽박사 뿔물뿌리는 양뿔물뿌리다.

10. 앞집 안방 장판장은 노란꽃 장판장이고, 뒷집 안방 장판장은 빨간꽃 장판장이다.

발성연습 1

좋은 목소리는 타고난 자기 목소리를 꾸미지 않고 순수하면서 당당하게 내는 것이다. 힘이 있고 씩씩한 발성은 건강미를 보여주어 싱싱한 맛을 준다. 그렇다고 목에 힘줄을 세워서 목소리에 힘을 주라는 것이 아니고, 자연발생적으로 소리에 힘이 실려 있는 것을 말한다. 목소리의 힘은 자연스러워야 듣기 좋다.

1. 허밍으로 상대방에게 무언가를 이야기한다.(흠~으로)

2. 허밍으로 본인이 아는 노래를 한다.

3. 흠으로 길고 강하게 내뿜어본다.

배에서부터 나오는 소리를 활용해야 한다. 배를 계속 움직이게 한다. 우리가 웃음을 터뜨릴 때 배에서 뿜어져 나온다.

탓탓탓

타타타타타

팔팔팔팔

파파파파파

토해내듯이 읽어본다. 배가 움직이는지 확인하면서 읽는다. 밝고

맑으며 미소의 친절이 배어나는 목소리, 건강하고 힘이 있어 자신감
과 확신을 전할 수 있는 목소리, 회화적인 음률의 변화와 음의 고저
와 장단 등의 표현이 자유로운 목소리가 되기 위한 연습이다. 좋은
목소리에는 힘이 있고 자신감 있는 소리에 정확한 발음 그리고 다양
한 변화를 갖고 있다.

발성연습 2

1. 학비법

성대가 붓는다는 것은 성대가 안 열린 것이다. 아침에 그래서 허
스키한 목소리가 된다. 성대에 탄력을 줘야 한다. 두 손을 학처
럼 올리면서 호흡한다. 팔을 점점 내리면서 학. 학. 학. 소리를
뱉듯이 내어본다.

2. 큰 소리로 웃어본다.

웃으면 배꼽이 빠진다는 것은 복식호흡이 되었다는 증거다.

3. 아-, 음-, 흠-으로 30초 넘겨본다.

4. 호랑이 발성법

'어홍'을 최대한 저음으로 굵게 내본다고 해본다. 무섭게 호랑이
가 되어 보는 연습이다.

5. 발음연습용 소재

시계 소리: 똑딱똑딱(반복)

오토바이 소리: 부르릉

혀의 유연성: 로~얄

입술 운동: 거울을 보면서 위아래 같이 움직이도록 한다.

물불풀- 므브프- 푸~ 입술을 턴다.

좋은 소리를 위해서는 숨을 깊게 쉬어라. 숨을 빠르게 많이 들이마셔라.

발성연습 3

1. 1~10까지 크기 조절을 해본다.

2. 크게 할 때는 최고조로 높여 본다.

3. 복식호흡을 활용한다.

4. 웃으면서 글을 읽어본다.

5. 내면의 감정을 긍정적 코드로 만든다.

6. 바른 자세를 해야 바르고 깊은 소리가 나온다.

7. 호흡을 최대한으로 참아본다.

8. 음-음-음으로 짧은 동요를 불러본다.

9. 따뜻한 물을 마신다.

10. 배의 근육을 움직이는 운동을 한다.

3단계 발성법: 저음-중음-고음

저음에서 중음, 고음으로 연습한다.

작게 해서 점점 큰 소리로 연습한다.

• 잔잔한 바다 - 바람 부는 바다

• 잔잔한 바다 - 바람 부는 바다 - 넘실대는 바다

- 잔잔한 바다 – 바람 부는 바다 – 넘실대는 바다 – 출렁이는 바다

- 잔잔한 바다 – 바람 부는 바다 – 넘실대는 바다 – 출렁이는 바다 –
파도치는 바다

- 잔잔한 바다 – 바람 부는 바다 – 넘실대는 바다 – 출렁이는 바다 –
파도치는 바다 – 번개 치는 바다

- 잔잔한 바다 – 바람 부는 바다 – 넘실대는 바다 – 출렁이는 바다 –
파도치는 바다 – 번개 치는 바다 – 찢어지는 바다

- 잔잔한 바다 – 바람 부는 바다 – 넘실대는 바다 – 출렁이는 바다 –
파도치는 바다 – 번개 치는 바다 – 찢어지는 바다
– 미친 듯한 바다

03

자신감을
UP UP UP

자신감 문구는 실제 필자도 큰 효과를 보았다. 사람을 만나면 주눅 들고 위축되어 목소리 한번 제대로 내지도 못하던 나는 '죽는 것보다는 한번 해보는 게 낫겠지' 하는 심정으로 2년간 꾸준히 해보았다. 처음에는 손발이 오그라드는 문구로 소리까지 지르는 것이 매우 창피했다. 하지만 하루하루가 지나면서 힘이 솟고 자신감이 생기는 것을 느끼게 되었다.

1. 심호흡을 크게 세 번 한다.

2. 자신감을 끌어올릴 수 있는 문구를 크게 읽는다.

3. 일어서서 팔을 휘저으며 읽는다. 자신이 있는 방에서 다른 방에 있는 사람이 들릴 수 있도록 크게 읽는다.

4. 차 안에서 크게 외친다. 이때는 외워서 한다.

5. 음악을 틀고 그 음악에 묻히지 않도록 크게 외친다.

6. 조용한 템포의 음악에서 빠르고 큰 비트가 있는 음악으로 옮겨 가본다. 이때는 서서히 여유를 갖고 하나하나 밟아간다고 생각하면서 해본다. 욕심내지 않는다.

7. 어떠한 음악이라도 그 음악 위에 올라서도록 크게 외친다. 모든 음악은 나의 배경음악일 뿐이라고 생각한다.

8. 자신감 있는 척한다.

자신감 문구의 장점

1. 크게 읽을수록 효과가 있다.

2. 발성연습이 되고, 발음이 정확해진다.

3. 하루를 힘차게 열면서 다른 일에도 탄력이 붙는다.

4. 내 자신을 사랑하게 된다.

5. 두려움과 불안함이 해소된다.

6. 용기와 배포가 생긴다.

7. 긍정적인 문구가 은근히 잠재의식에 스며들어 실제 긍정적이 된다.

자신감 문구 A

나는 부드러운 카리스마 ○○○이다.

나는 스피치를 잘한다.
나는 스피치를 무진장 잘한다.
나는 부드러우면서 카리스마가 있다.
많은 사람들이 나를 따르고 싶어 한다.
나는 매우 행복하다.

자신감 문구 B

나는 밝은 오뚜기 ○○○이다.

나는 항상 웃는 얼굴이다.
실패해도 주저앉지 않는다.
모두가 나의 부드러운 미소에 전염된다.
내가 말을 하면 항상 박수가 끊이지 않는다.
나는 뭐든 자신 있다.

자신감 문구 C

나는 유쾌한 사람 ○○○이다.

나는 매사에 긍정적이다.
나는 스피치를 우아하게 잘한다.
내 스피치를 듣고 많은 사람들이 좋아한다.
난 늘 행복하다.
자신 있게 말하면 진짜 자신감이 붙는다.

자신감 문구 D

나는 운명의 개척자 ○○○이다.

운명아 길을 비켜라.
이제부터 ○○○가 나가신다.
나는 자신감으로 꽉 차 있다.
내가 스피치를 하면 모두가 환호한다.
자신 있는 스피치는 나를 자신 있게 만든다.
나는 사람이 좋다.

자신이 좋아하는 문구나 희망사항을 써넣어도 좋다. 아니면 자신이 현재 처해 있는 단점을 바꾸어 장점인 것처럼 말해본다. 예를 들어 '사람 만나기가 두렵다'가 자신의 단점이라면, '나는 사람 만나는 게 즐겁다'로 바꾸어 외쳐보는 것이다. 내 입에 잘 붙도록 문구를 써서 외우면 때와 장소를 가리지 않고 활용할 수 있다. 명함보다 조금 큰 크기로 만들어 지니고 다니면서 외쳐라. 내가 있는 곳마다 눈에 띄게 붙여 놓는다. 최소한 2년 이상은 해야 효과를 본다.

즉각 써먹을 수 있는 하루의 3분 활용

1. 거울 앞에 정면으로 서서 여러 가지 표정을 지어본다. 화내고, 불안해하고, 찡그리고, 웃고, 소리 내어 웃는 표정 등을 해본다.
2. 얼굴 표정을 점검하면서 상대방에게 인사를 건네 본다.
3. 자신에게 맞는 여러 가지 상황을 설정한다. 부모님, 회사 동료, 직장상사, 거래처 사람, 고객 등 상대를 구체적인 사람으로 정해 놓는다.
4. 하고 싶은 말을 건네 본다. 시간을 정확하게 3분 이내로 정한다. 할 말이 남았어도 시간을 맞춰야 한다.
5. 즉시 녹음한 것을 들어본다. 자신의 느낌을 적어본다.
6. 가능하다면 전문가에게 들려주고 조언을 받는다.
7. 지적받은 것을 고쳐서 다시 거울 앞에서 해본다.

이러한 일련의 훈련과정을 꾸준히 해나가면 군더더기 있는 말이나 습관성 어투 등을 잡아낼 수가 있다. 본능적으로 내뱉어 버려야 직성이 풀리는 사람은 분명 스피치를 잘하는 사람이 아니다.

말이란 한번 쏟아져버리면 되돌릴 수 없기 때문이다. 자신은 잊어 버려도 상대에게 상처가 되었다면 상대는 절대 잊지 않기 때문이다. 스피치에 있어서 인내와 점검 그리고 기다림, 신중함, 넓은 시야, 포용력은 절대적으로 필요하다. 시야를 넓게 가져야 한다.

변화를 주는 인사 연습

안녕하세요? 처음 뵙겠습니다. ○○○입니다.

1. 반가운 톤으로 인사한다.
2. 인상을 쓰고 인사한다.
3. 친절한 목소리로 인사한다.
4. 호들갑스럽게 인사한다.
5. 군인처럼 강하게 짧게 해본다.
6. 재수 없게 해본다.

04

논리력을 키우기 위한 훈련

1. 신문 사설을 활용한다.

3~5분 스피치의 가장 좋은 소재이면서 가장 빨리 얻을 수 있는 자료가 된다. 무엇이든 소리 높여 읽으면 두뇌에 인식되는 정도가 높기 때문에 사설 또한 가능한 한 소리 내어 읽는다.

2. 요점을 생각하며 읽는다.

발성과 발음을 위해서 '문자'만 읽어내려 가는 것은 아무 소용이 없다. 글쓴이의 문제점 도출 방법과 해결책이 무엇인지, 논리적인지, 증명하는 방법은 무엇인지 읽으면서 파악해야 한다.

3. 요점을 말해본다.

요점을 파악하고 말하는 것은 아주 훌륭한 방법으로 꾸준히 연습하면 논리력이 좋아진다. 습관은 무서운 것으로, 글을 읽으면서 요점을 정리해버리면 말을 할 때도 그 힘이 나타난다.

흥미 있는 이야기로 상대방을 설득하기 위한 가장 효과적인 의사 전달 방법은 무엇일까? 이야기의 꽃은 은유, 비유, 상상력이다. 여기에 좋은 방법이 하나 더 있다. 요점을 정리해서 명확한 전달력을 키우면 임기응변 시 좋은 효과를 낼 수 있다. 이 또한 많은 훈련이 필요한 부분이다.

4. 영화나 드라마를 보고 주변인에게 소개한다.

상대방이 눈치채지 못하도록, 아주 자연스럽게 자신이 본 영화나 드라마에 대해 이야기한다. 1~2시간짜리를 단 몇 분 만에 요약하는 셈이다. 재미있다면 상대방도 몰입하며 들을 것이다. 요약하는 연습을 할 때 유용하다.

05

상대를
사로잡을 수 있는 문구

피천득의 『이야기』라는 책에 다음과 같은 글귀가 나온다.

"나는 말주변이 없어" 하는 말은 "나는 무식한 사람이다", "둔한
사람이다"라는 것과 같은 의미다. 화제의 빈곤은 지식의 빈곤,
경험의 빈곤, 감정의 빈곤을 의미하는 것이요, 말솜씨가 없다는
것은 그 원인이 불투명한 사고방식에 있다.

케네디를 케네디로 만든 것은 그의 말솜씨다. 소크라테스, 플라톤,
공자 같은 성인도 말을 잘하였기 때문에 그들의 사상이 전파 계승
된 것이다. 덕행에 있어 그들만 한 사람들이 있었을 것이나, 그들
과 같이 말을 할 줄 몰라서 역사에 자취를 남기지 못한 것이다.

반가운 인사는 좋은 분위기를 만든다. 마음속에 담아두고 표현하

지 못하면 오해만 쌓여간다. 오해는 또 다른 오해를 불러오게 되어있다. 말의 파동과 진동의 힘을 깨닫고 그 중요성을 인지할 때 진정한 겸손함을 갖출 수 있다.

- 진심으로 미안합니다.
- 죄송합니다.
- 어서 오십시오.
- 감사합니다.
- 실례했습니다.
- 신세를 지게 됐습니다.
- 도움을 주지 못해 마음이 아픕니다.
- 안녕히 계십시오.
- 다시 뵙겠습니다.
- 잘 지내십시오.
- 오랜만에 뵈니 더욱 반갑습니다.
- 선생님을 계속 생각하고 있었습니다.
- 지난번 전화 주셔서 얼마나 반갑던지요. 감사합니다.
- 아하, 그러셨군요.
- 죄송합니다. 제가 기억이 안 나서…
- 솔직히 말씀드리자면…
- 진심으로 말씀드리는데요.
- 선생님의 고충을 이해해서 말씀드리자면…

- 덕분에 잘 지냈습니다.
- 덕분에 즐거웠습니다.
- 환영합니다.
- 덕분에 기분이 좋아집니다.

06
스피치
소그룹 만들기

스피치 소그룹 만들기와 활용

1. 10명 내외로 사람들을 모은다.

성별과 나이에 관계없이 모임을 갖는 것도 좋다.

2. 서로 모르는 사람끼리 어색함을 즐기며 앉는다.

10명의 소규모 모임은 피드백이 가능하기 때문에 더욱 진전될 수 있는 힘이 생길 수 있다.

3. 원형이나 타원형으로 얼굴을 마주 보고 앉을 수 있게 한다.

4. 어색하게 마주 보며 앉아 있을 때 인사를 나누고, 이름을 알려주며 명함을 교환할 수 있다.

후에 이러한 상황을 설정하고 3분 스피치 훈련을 혼자서도 할 수 있다.

5. 자기소개를 한다.

자기 이름이 한 번에 기억될 수 있도록 스토리를 덧붙여 소개한다.

- 이름으로 삼행시
- 성 씨에 대한 소개, 본관
- 유명한 조상에 대한 소개
- 돌림자에 대한 이야기
- 이름이 지어지게 된 사연이나 동기
- 이름으로 얻은 별명
- 한자 풀이
- 이름 때문에 있었던 에피소드 소개
- 연예인 이름을 활용해 기억나게 유도한다.
- 이름 앞에 자신의 슬로건을 붙인다.

6. 여러 번 만남이 진행된다면, 만났을 때 그동안 어떻게 지냈는지 이야기한다. 좋은 일, 안 좋았던 일 등을 이야기한다.

상대방을 대할 때의 마음가짐

1. 이 세상에 내 앞의 상대밖에 없다는 기분으로 다가간다. 무인도에서 만난 사람이라고 생각하라.

2. 온몸을 다해 경청한다.

3. 밝은 미소는 기본이다.

4. 눈 속의 홍채를 본다는 기분으로 빨려 들어가듯 따뜻한 시선을 준다.

5. 내 앞의 사람에게 나를 열린 마음을 보여준다.

6. 열려 있는 제스처를 보여준다.

7. 맞장구를 치면서 듣는다.

8. 상담자 역할처럼 고개를 끄덕이며 진심을 다한다.

9. 상대와 일체감을 갖는다.

10. 악수를 하면서 눈빛을 전달한다.

11. 상대에 대한 사전정보가 편견으로 작용하지 않아야 한다.

짧은 시간 내에 말하는 요령

1. 시간의 흐름에 따라 이야기한다.

과거, 현재, 미래 순으로 말한다.

2. 큰 것부터 작은 것으로 이동하듯이 이야기한다.

3. 지극히 알고 있는 일에서부터 미래의 계획, 미지의 세계로 나아가는 배열을 택한다.

4. 중요한 것을 먼저 하고 그 이후 가벼운 것을 말한다.

처음 것이 오래 기억에 남기 때문이다.

5. 이득과 불이익을 구분해 설명한다.

6. 문제를 제시한 후에 해결책을 내놓는다.

7. 나름대로 분류해서 번호를 매긴다.

"그래서 첫째는 ○○고, 둘째는 ○○, 셋째는 ○○입니다."

8. 강한 어조로 이야기한다.

1분 안에 핵심을 이야기한다는 긴박함을 스스로 조성해본다. 군대식으로 이야기할 필요까지는 없으나 절도 있는 모습이나 반듯한 자세는 남성이나 여성이나 보기 좋다. 그러면서도 작은 여유 정도는 비추는 것이 좋다.

9. 구체적으로 이야기한다.

열 번 이야기하는 것보다 한 번 보여주는 것이 강한 설득력을 갖는다. 직접 실물을 보여주거나 그림이나 사진을 동원해도 좋다. 국가에서 공인된 기관이나 유명인사의 말을 인용해도 좋다. 그래도 추상적인 이야기로 계속된다면 구체적인 실례를 보충한다. 또한 한눈에 비교할 수 있는 장점이 있는 것으로 도표나 통계 수치를 정확히 활용하는 방법이 있다.

10. 전체적인 조망을 해준다.

포인트를 압축시키고, 상대방이 분명하게 파악할 수 있게 하기 위해 좁은 시야로만 강조하고 끝내기 쉬우나, 전체적인 흐름을 파악하고 혹시 상대방이 잘 이해하지 못했다고 느꼈을 시에는 전체적인 조망을 해주어서 이해시켜야 한다. 그래서 끝부분에서는 질문을 받거나 전체적인 이야기를 해주는 것이 좋다.

겸손함을 잃지 않으면서 자신감 있는 목소리를 유지한다. 말하는 시간은 초시계를 두고 돌아가면서 이야기한다. 계속하다 보면 두려움에서 벗어나게 된다. 상대의 이름을 들었으면 기억하도록 메모하거나 자신만의 방법으로 기억할 수 있도록 노력해야 한다.

07
메모의 힘

리츠칼튼 호텔의 도어맨 아주엘라는 호텔 입구에서 문을 열어주고 인사하는 일을 했다. 아주엘라는 주로 VIP인사들이 들어설 때마다 문을 열어주면서 순간의 인상을 항상 메모하곤 했다. 그때 입은 옷과 자기가 받은 인상 그리고 이름이나 특징 등을 메모해서 카드로 만들어 놓았다. 그리고 틈만 나면 기억을 더듬으며 외우곤 했다. 그렇게 해서 두 번째 손님을 만나게 되었을 때 그는 어김없이 아는 체를 했다. 이름까지 부르며 밝게 웃어주는 데에는 어느 누구도 감동받지 않을 수 없었다.

손님들은 다른 사람을 만날 때 그 호텔 도어맨에 대해 이야기를 하게 되었고 입소문이 퍼져, 많은 사람들이 일부러 찾아가게 되는 호텔이 되었다. 아주엘라는 일약 대스타가 되었다. 리츠칼튼 호텔 최고의 홍보맨이 된 셈이었다. 리츠칼튼 사장은 그에게 몇 백 달러를 자유롭게 쓸 권한까지 부여했다. 세상에 존중과 좋은 대우를 받고 감동하지 않을 사람은 없다. 아주엘라의 메모는 강력한 무기였다.

메모해두면 도움이 되는 내용

- 길을 가다가 발견한 재미있는 간판이나 광고문구
- 책 속에서 발견한 멋진 어구나 단어
- 영화 속에서 나온 맘에 쏙 드는 대화체
- 코미디 프로그램에서 나온 기발한 웃긴 유행어
- 알아두면 좋은 상식: 와인, 음식 등
- 여행지에 대한 상식
- 어느 인물에 대한 정보
- 나의 이야기에 대한 정리
- 나의 희망사항에 대한 이야기
- 내가 좋아하는 인물, 싫어하는 타입의 인물
- 갑자기 떠오른 화젯거리
- 하루를 마치며 느낀 점
- 내가 겪은 기분 나쁜 일: 이유, 느낌
- 내가 만난 멋진 사람에 대한 기록
- 내가 경험한 감동적인 일
- 무기력한 하루
- 앞날의 비전에 대한 나의 생각
- 내 감정의 변화

- 오늘 통화한 사람과 내용, 그리고 느낌
- 오늘 구입한 물건에 대한 것과 느낌
- 오늘 겪은 일상에 대한 느낌과 정리
- 아픈 이야기
- 내 나름대로의 사회문제에 대한 소견
- 후회되는 일, 자랑스러웠던 일, 뿌듯했던 일
- 반성이 필요한 날, 실수한 날: 이유, 회복 방법, 마음정리법
- 내가 한 말에 대한 기억

이 모든 것들을 메모하기란 그리 쉽지 않다. 하루가 너무 빠듯하다. 그래서 메모할 것을 선택하면 된다.

많은 전문가들이 '성공하고 싶다면 먼저 하고 싶은 일을 기록해보라'고 권한다. 또한 '내가 자신 있게 할 수 있는 일'을 한번 적어보라고도 한다. 그리고 '내가 정말 되고 싶은 모습'을 적어보라고 한다. 말로라도 할 수 있는 일을 적어보라고 강력하게 권한다. 일단 써보면 마음이 열리고 흥분되기 시작하면서 열띤 자신감이 생긴다는 사람들이 많다.

남 앞에서 이야기하는 것에 두려움을 가진 사람이라면 '남 앞에서 말하다가 죽은 사람은 없다. 당당하게 맞서자' 이러한 강한 추진력을 뿜는 격언이나 명언 등을 메모하여 가지고 다녀도 좋다. 볼수록 새롭게 느껴지고 나에게 직접 쏟아붓는 듯한 강한 힘이 느껴진다. 이 방법은 필자가 많이 해본 것으로 자꾸 읽으면서 힘을 받게 된다.

지식도 경험도 생각도 아주 작은 스침도 메모해야 내 것이 된다. 메모도 기술이다. 그러나 습관이 되면 그 이상도 그 이하도 아닌 바로 나 자신이 된다. 기록을 하면 잊어버리지 말아야 한다는 강박관념도 없어지고 머리가 자유로워진다.

　　기록하고 잊어라. 안심하고 있을 수 있는 기쁨을 만끽하면서 항상 머리를 창의적으로 쓰는 사람이 성공한다. 그 비결은 바로 메모 습관이다. 메모를 잘하려면 항상 메모장과 필기도구를 휴대하고, 정보를 얻거나 아이디어가 떠오를 때마다 즉시 메모해야 한다.

– 사카토 겐지의 『메모의 기술』 중에서

08
만남과 회의가
즐거우려면

현대인은 빡빡한 일상에 찌들어 있다. 옷깃만 스쳐도 신경질이 나고 짜증이 난다. 극한 상황에서도 긴장의 끈을 놓치지 않고 부드러움과 여유를 유지하는 사람은 수행자다. 우리가 수행자가 되자는 것은 아니지만, 늘 여유 있는 표정을 지으면 얼굴에 도장이 찍히듯 좋은 인상이 되고, 온화해 보이는 주름이 만들어진다.

사우스웨스트 항공사의 고객담당 부사장에서 2001년 사장이 된 COO(Chief Operating Officer) 콜린 바레트(Colleen Barrett)는 어느 방송 인터뷰에서 사우스웨스트의 채용기준을 확실하게 말했는데 시사하는 바가 크다.

'우리는 남의 말을 잘 들어주고, 다른 사람을 생각해주고, 미소를 잘 짓고, '감사합니다'라는 말을 잘할 줄 아는 다정한 사람을 찾습니다.'

어떻게 보면 모범답안 같은 식상한 말인데 기본적인 인간성과 매너조차 추락한 요즘 보기 드문 인재상인지도 모른다. 실제로 이 회사 조종사 모집에 응시한 어떤 사람이 채용관인 줄 모르고 면접 전 불친절하게 대했다가 탈락한 경우도 있었다.

CEO 허브 켈러허(Herb Kelleher)는 말하길 "비행기를 조종할 수 있는 사람은 많지만, 태도가 좋은 사람은 많지 않다"라고 하였다.

분명 서비스 업종에서의 일화이다. 그러나 우리 모두는 서비스를 위해 태어났다 해도 과언이 아니다. 우리가 하는 모든 일들은 결국 서비스이기 때문이다. 자신이 서비스하는 고객에 대한 수요와 필요성, 요구 등을 정확히 꿰뚫어본 사우스웨스트는 기존의 틀을 깨면서까지 본질 접근의 정책을 실시하면서 성공적인 항공사로 성장하게 되었다. 허브 켈러허는 더 중요한 말을 아끼지 않는다.

"사우스웨스트에서 일하는 것은 폭풍과도 같습니다. 여러분은 꽁지가 빠지도록 일해야만 합니다."

행복과 즐거움이 넘실대는 직장은 세상 어디에도 없다. 오히려 사우스웨스트는 미국 해병대와의 공통점이 더 많다고 한다. 고객들을 위한 유쾌한 전략도 그 바쁜 일상 중의 하나일 뿐이다. 강한 조직력과 부지런한 직업의식, 끊임없는 교육과 조직원들과의 즐거운 관계형성, 훌륭한 성과를 위한 목표 등은 타 기업보다 더 강하다. 그러나 즐겁게 일하고 그 즐거움을 고객들에게 다시 보내고 있다.

조직에서 윗사람은 권위를 내세우고 싶은 본능적 피가 흐른다. 그래서 명령조로 일관하기 쉽다. 본인은 권위적으로 말하면서, 아랫사람들에게 의견을 제시해보라고 권한다. 아무도 입을 열 엄두도 내지 못한다. 급기야 돌아가면서 순서대로 이야기를 시키면 억지로 조심스럽게 말을 꺼낸다. 그러다가 윗사람의 마음에 안 들면 대번에 아웃된다. 이러한 일이 우리에게는 흔하게 일어난다. 이런 분위기에서 자유로운 창의성이 나오기는 만무하고 상사에 대한 경계심만 커져간다.

다행히 네트워크 비즈니스에서는 서로가 다 동료이고 파트너십으로 형성된 조직이라 이러한 우려는 조금 덜 수 있다. 회의가 즐겁고 유익하면 계속 붙어 있고 싶어진다. 만남과 회의가 즐거우려면 다음과 같아야 한다.

1. 서로 도움이 되도록 한다.
2. 어떠한 아이디어도 다 받아주는 미덕이 필요하다.
3. 회의시간을 엄수하고 순서를 잘 짠다.
4. 먹을 것과 함께해도 좋다.
5. 분위기를 편안하게 꾸민다.
6. 일과 관련이 없는 것이라도 흥밋거리를 이야기한다.
7. 누구든지 하나씩을 얻어가도록 배려한다.
8. 서로를 칭찬하고 따뜻하게 대해준다.
9. 성공한 사람에 대해 비교되거나 열등감을 심어주지 말고, 항상 자신감과 긍정성으로 열정을 심어준다.
10. 미소로 만난다.

09
정리된 것처럼
말하는 방법

발표를 시키면 누구든 당황해한다. 두려움이 엄습한다. 가슴이 뛰고 이 괴로운 순간을 빨리 벗어나고 싶다. 주제를 던져주고 발표를 시키면 어설프게 나와 본론부터 이야기하기 바쁘다. 그리고 끝날 때쯤 되면 어떻게 끝내야 할지 난감해하며 눈치를 보다가 고개를 숙이고 꽁무니 빼듯 들어가 버린다. 비록 준비가 완벽할지라도 이러한 모습이라면 준비되어 보이지 않는다.

반대로 준비가 완벽히 되어 있지는 않아도 정리된 틀이 있으면 자신감 있고 당당해 보인다. 먼저 머릿속으로 자신의 사진을 액자에 넣는다고 생각해보자. 먼저 액자가 준비되어야 할 것이다. 액자의 틀은 4개이다. 사진이 액자에 들어가는 순간 사진은 더욱 빛날 것이다.

발표도 마찬가지다. 자신이 말해야 할 주제가 무엇이든 이 정리 틀에 맞추면 정돈되어 보인다. 예를 들어 자신이 소개하고 싶은 제품의 장점 3가지를 발표한다고 가정해보자.

첫 번째 틀 – 환한 미소와 함께 자기소개를 시작한다.

자기 이름, 오늘 만난 소감 또는 반가운 인사, 즐거운 인사, 유머가 깃든 인사 등으로 짧게 오프닝을 한다. 1분 내외로 간단하게 한다. "오늘 이렇게 좋은 날, 좋은 만남이 있어 행복합니다." "안녕하세요? ○○에서 온 ○○입니다. 제 이름을 소개하자면…" 등으로 자유롭게 하면 된다.

두 번째 틀 – 말하고 싶은 주제를 밝힌다.

"제가 이 자리에 선 이유는 멋진 제품. ○○○에 대해서 말씀드리려고 합니다." "오늘 저는 ○○○에 대해 3가지 말씀드리려고 합니다." 정도로 역시 짧게 해야 한다.

세 번째 틀 – 본론을 말한다.

말하고 싶은 제품의 특징에 대해 3가지를 요약해서 이야기한다. 여기서 3이라는 숫자가 중요한데, 사람들이 기억하기 쉬운 숫자가 3가지다. 3가지보다 더 많더라도 일단은 3가지로 압축해서 이야기해본다. 지루하지 않게 그러나 너무 간단하면 의미가 없다. 간단하되 구체적이고 현실적인 설명이 곁들여져야 한다. 실제 사례를 이야기해도 좋다. 사례는 가장 기억하기 좋은 스토리텔링이기 때문이다.

시간을 정해 연습하는 방법이 효과적이다. 주제를 벗어나거나 누가 제어해주지 않기 때문에 자칫 지루하고 늘어지기 쉽다. 연습할 때는 초시계를 두고 하거나, 녹음을 해서 다시 들어보는 방법이 바람직하다.

네 번째 틀 – 클로징 겸 끝인사를 한다.

아주 간단하게 말한다. "여기까지 들어주셔서 감사합니다. 경청해주셔서 고맙습니다." "지금까지 ○○○였습니다." "멋진 하루 보내시기 바랍니다." 멋진 한마디 끝인사로 4번째 틀을 완성하면 된다.

이 틀이 가장 기본이다. 많이 하다보면 이 기본에서 융통성 있게 변형할 수 있겠다. 그러나 연습할 때는 이 기본 틀로 하면 좋다. 떨리는 것도 줄일 수 있고 나름대로 시간을 벌 수 있으며, 듣는 사람으로 하여금 꽉 짜인 느낌을 받을 수 있다. 이러한 툴로 여러 가지 다양한 주제를 갖고 서로 만날 때마다 연습하면 좋다.

주제의 예
- 자신의 장점 3가지
- 네트워크 비즈니스를 만나게 된 동기 3가지
- 삶을 열정적으로 살아가는 나만의 방법 3가지
- 맛있는 음식 소개하기
- 나만의 특별한 비법, 음식 전격 소개
- 소개하고 싶은 커피숍 혹은 음식점

- 재미있는 이야기 소개하기
- 감명 깊게 본 영화 소개하기
- 소개하고 싶은 책
- 역경을 딛고 극복한 이야기
- 건강 비법 소개하기
- 획기적인 나만의 다이어트 방법 소개하기
- 재테크 방법 소개하기

얼마든지 주제를 정해서 이어 나갈 수 있다. 잡담 삼아 이야기하는 것 혹은 의자에 마주 앉아 대화하듯이 하는 것과는 다르다. 이것은 정식으로 앞에 나가 인사하고 앉아 있는 사람들을 바라보며 말하는 연습이다. 이런 스피치 연습은 무척 부담스러울 것이다. 그러나 이러한 부담스러운 연습이 말하는 자를 강단 있게 만들고 자신감 있게 만들어 준다.

문제는 연습의 양이다. 많이 하면 할수록 떨림은 없어질 것이며 동시에 자신감을 얻는다. 그리고 배포가 생기고 어떠한 주제라도 이야기하고 싶어 하는 마음이 생긴다. 그리고 시간에 맞게 하고자 하는 말을 정리하려는 의지가 생긴다.

10

하루에 하나,
나만의 명언을 만드는 법

　자신을 절제하고 중도를 찾는 노력의 과정은 스피치 훈련과 닮아 있다. 즐겁게 살고 싶으면 즐거운 문구를 지니고 다녀라. 자꾸 즐겁다 즐겁다 하면서 살아가야 한다. 닮고 싶은 인품을 그려본다. 그리고 항상 메모해서 가지고 다니면서 들여다본다.

　좋은 말은 금방 잊어버린다. 즐거운 문구나 유쾌한 코미디 프로그램도 한번 보고 나면 쉽게 잊어버린다. 그만큼 좋은 것은 휘발성이 강하다. 그러나 안 좋은 기억이나 나쁜 일들은 가슴속 깊이 새겨지고 자리를 틀고 들어앉아 나를 괴롭힌다.

　삶의 기쁨은 시시각각 사소한 것에서부터 시작한다. 나부터 즐겁고 편안해야 좋은 서비스와 좋은 인상이 나온다. 어떻게 하면 즐겁고 편안해질까?

1. 더하지도 덜하지도 않게
2. 모나지 않게 그러나 어수룩하지는 않게
3. 잘난 척하지 않게 그러나 당당함을 잃지는 않게
4. 연습한 것 잃어버리지 않게 그러나 틀에 매이지는 않게
5. 너무 짧지 않게 그러나 지루하지 않게 말하기

스피치에서 요구하는 사항들이 어찌 보면 추상적으로 보일 수 있다. 예를 들어 '간단명료하되 길게 늘어지지는 않게'라는 것도 시간을 규정짓기 힘들다. 사람마다 달리 느끼기 때문이다.

문제는 열정이다. 스피치에 대한 열정과 의지는 좋은 명언들을 자주 접함으로써 자극받는다. 하루에 하나씩 자기가 습득할 수 있는 명언을 되새기고 곱씹어서 자기의 것으로 만들어보자. 그것이 하루를 살아가는 자세가 된다.

자신만의 명언을 만드는데 알아두어야 할 것이 있다. 나도 얼마든지 멋진 말을 만들 수 있다. 먼저 "진리일수록 말은 단순하다"는 아이스 큐로스의 명언을 기억하자. 또한 푸시킨의 말처럼 "격언이나 명언이라고 하는 것은 잘 이해할 수 없어도 놀랄 정도로 쓸모 있는 것"이다. 매일 자신의 분위기에 맞는 향수를 뿌리듯이, 그날의 날씨와 마음 상태에 따라 옷을 갈아입듯이, 나만의 명언도 그날에 맞게 설정해서 외우고 지니고 다니는 것이 좋다. 마음에도 옷을 입히자.

하루에 하나, 나만의 명언을 만드는 법에 대해 알아보자.

1. Simple – 간단해야 한다.

아주 간략하게 함축된 응어리처럼 보여야 한다. 물론 그래야 외우기도 좋다. 많이 읽고 많이 느끼고 많이 수집하여 외워두어야 한다. 즉 내 것으로 만들어버려야 한다. 많이 사용하면 거의 나의 말처럼 되어버린다. 양념이 너무 많으면 원재료의 맛이 떨어진다. 적당히 넣었을 때가 가장 맛있는 법이다. 이렇듯 수식어를 빼면 진솔한 말이 된다. 화려한 미사여구를 이리 붙이고 저리 붙이려고 애쓸 필요가 없다. 가능한 수식어의 기름기는 뺀다.

2. Easy – 쉬워야 한다.

모든 공감 가는 말은 남녀노소 그리고 지위 고하, 학력 고하를 막론하고 사람들에게 흡수된다. 방송이나 프레젠테이션의 모든 원고 기준은 '중학교 2학년~고등학교 2학년' 수준이다. 온 국민이 듣고 이해할 수 있어야 공공성과 대중성을 가질 수 있다.

진리일수록 쉽다. 포장마차에서 호떡 파는 아줌마의 말씨나 국밥집의 욕쟁이 할머니의 진한 욕설이 정감 있게 가슴을 파고들 때가 있다. 내가 나에게 주는 명언도 마찬가지다. 아주 단순하고 쉬워야 외우기도 쉽고 하루 명언으로써 가치가 있다.

3. Impression – 감동적이어야 한다.

내가 감동받은 말은 상대방도 감동받기 쉽다. 감동(感動)은 말 그대로 이론이나 논리가 아닌 감성을 건드려 마음을 움직여 행동하게 하는 것이다. 그러나 나만의 명언은 상대를 유념하지 않고, 순전히 내가 쫙 빨아들여 행동하게 할 수 있어도 좋다. 그 말을 통해 얻은 감동은 어떠한 만남에서도 활용할 수 있다.

Part 06

성공을
부르는
생각법

01

재미있는
시각을 키우자

어느 날 가난한 작가의 집에 도둑이 들었다. 집 안에 있는 유일한 가구는 커다란 책상 하나인데도 도둑은 그것을 열심히 뒤졌다. 그때 도둑의 등 뒤에서 커다란 웃음소리가 들렸다. 뒤를 돌아보니 한 남자가 웃고 있었다. 기분이 묘해진 도둑은 왜 웃느냐고 묻자 주인이 대답했다.

"그 서랍의 주인인 내가 아무리 뒤져봐도 아무것도 없는 서랍을 당신이 위험을 감수하면서 뒤지는 것을 보니 웃음이 절로 나온다. 하하하."

프랑스의 작가 발자크의 이야기이다. 어떤 상황에서도 웃을 일을 발견할 수 있음을 보여준다.

최근 온라인 취업사이트 사람인이 직장인 842명을 대상으로 '회사에 분위기 메이커가 필요한가?'라는 설문을 진행한 결과 무려

93.1%가 '그렇다'고 답했다. 그런 분위기 메이커들의 공통적인 특징으로 단연코 유머러스함을 꼽았다. 또한 배우자가 갖추었으면 하는 능력 중에서 유머감각이 꼽히는 세상이다. 굳이 통계자료를 내밀어 보이지 않아도 유머가 중요한 커뮤니케이션 능력이라는 것은 이미 누구나 인정하고 있는 사실이다. 주변에 유창한 유머 구사로 인기를 한 몸에 받는 사람을 머릿속에 떠올려보라.

우스운 상황을 자꾸 머리에 떠올려 보는 것만으로도 마음속에 전구가 켜질 것이다. 적절한 상황에서 유머를 할 수 있는 순발력은 운이 아니다. 오랫동안 유머에 대한 스크랩을 해왔다거나 유머에 대한 관심이 평소에 많았다는 하나의 결과물이다. 특히 심각한 자리일수록 유머는 최상의 분위기로 만들어주는 묘약이다.

"어서 올라오십쇼. 아아, 거기 할머니 조심조심 올라오세요. 기다려 드릴게요."

"다음에 내리실 곳은 ○○아파트 앞입니다. 날씨 좋습니다. 여러분."

웃긴 말은 아니지만, 모두를 기분 좋게 한다. 평소 버스에서는 도저히 만날 수 없는 분위기다.

"처자식 먹여 살리자니 이 짓거리나 하고 앉았지 뭡니까? 저도 왕년엔 한 가닥 하던 사람인데. 참나"하면서 운전대를 잡는 택시 운전기사가 흔하다. 같은 일도 하기 나름이다.

자신의 현재 상황을 재미있게 만들려는 의지는 성스럽기까지 하다. 레이건 전 미국 대통령의 유머는 유명하다. 1981년 3월 정신이 상자 존 힝클리가 쏜 총에 가슴을 맞고서도 농담을 잊지 않았다. 병원에 실려 가면서 "총에 맞고서도 안 죽었으니 얼마나 기분이 좋아"라고 했고, 부인 낸시에게는 "여보, 총알 피하는 걸 깜빡 잊었어"라고 했다. 의사들에게는 "여러분이 모두 (나와 같은) 공화당원이면 좋을 텐데……"라고 했다. 그러자 한 의사가 "각하, 오늘만은 우리 모두가 공화당원입니다"라고 대꾸했다.

죽음을 코앞에 두고도 유머를 사용할 수 있는 여유와 그 유머에 다시 유머로 화답해주는 여유가 부럽다. 그의 이 한 마디에 의료진은 물론이고 미국인들이 안도했다고 한다. 나중에 회복된 후, 레이건은 또다시 멋있는 유머로 자신의 어려움을 이겨냈다.

"영화배우였을 땐 총알을 잘 피했는데."

목숨이 왔다 갔다 하는 상황에서는 긍정적인 마음조차 무너진다. 하지만 강한 긍정은 유머를 만들어낸다.

미국의 코미디언 빌 코스비(Bill Cosby)는 "어떤 상황에서도 유머를 찾을 수 있다면 당신은 어디서든지 살아남을 수 있다"고 했다. 남을 해하거나 비난하기 위한 유머가 아닌 긍정의 유머를 개발하자.

유머는 순간의 센스로 나와 남을 밝히는 최적의 도구다. 작은 말 한마디로 주변을 밝히는 사람이 되자. 위기를 유머로 넘긴 위대한 영웅들이 우리 주변에는 너무나 많다. 이들을 통해 긍정을 부활시키고 자신감을 회복할 수 있다. 남을 웃긴다는 생각보다는 나에 대한 동력으로 삼아도 좋다.

02

소통의 시작

영화 〈좋은 놈 나쁜 놈 이상한 놈〉에 보면 개성이 강한 캐릭터 남자 주인공 3명이 온통 스크린을 휘젓는다. 저마다 승부욕에 목말라 하는 리더 지향형 인간들이다. 우리가 흔히 '리더'라고 하는 유형을 제대로 표현해내는 인물들이 아닌가 싶다.

뭇사람들에게 신비의 힘을 느낄 수 있도록 전형적인 리더는 영화 속 대중들에게는 자주 나타나지 않는다. 어느 순간 결정적일 때 쓱 하고 나타난다. 말도 많이 안 한다. 딱 필요한 한마디만 던질 뿐 종횡 무진 총질만 해댄다. 아마도 이러한 과격한 카리스마를 뿜어대는 리더의 모습은 19~20세기에 많이 통했었다. 그래서 큰소리치고 일방적인 명령을 내리는 리더를 제대로 된 보스라고 규정지어버렸다.

21세기, 이제 리더상도 바뀌었다. 앞선 예들처럼 과격하면서도 싸늘한, 그러면서 할 일에 충실한 모습이 리더의 전부는 아니다. 하지만 아직도 그 알량한 권위의 이불 속에서 빠져나오지 못하는 리더가 너무나 많기 때문이다. 권위가 없어서도 안 되지만 이젠 그 수위를 조금 낮춰야 한다. 왜냐하면 소통의 천적이 바로 권위이기 때문이다. 수많은 리더를 보고 느끼고 경험한 바로는 역시 '아직도'이다.

"여러분과 함께 있습니다. 제 방은 항상 열려 있으니 언제라도 대화를 원하시면 들어오세요"라고 하면서 막상 리더가 되면 문과 마음을 꼭꼭 걸어 잠가버린다. 비서실을 통한 문턱은 보이지 않는 성벽이다.

어느 후배는 부서의 팀장이 없어서 급한 결제라고 생각해 대신 들어갔다가 욕만 얻어먹고 돌아와야 했다.

"감히 사원이 내 방에 들어와?"

그날 이후 팀장급 이상만 사장실에 들어올 수 있다는 엄명이 내려졌다.

소통은 아주 작은 것에서부터 시작된다. 또한 불필요한 권위의 장막이 걷어질 때 가능해진다. 작은 것에도 귀를 기울이고 관심, 이해, 사랑 그리고 조직을 다 함께 키우자는 공동목표의식이 잘 버무려졌을 때 원활한 혈액순환이 시작되고 커뮤니케이션이 가능해진다.

소위 기수 기강이 센 조직일수록 소통이 원활하지 못하다. 나이, 학교, 지역, 능력 등을 모두 초월하는 것이 군대식 기수 기강이다. 처음엔 진짜 사회인이 된 것 같은 착각에 멋지게 보일 수도 있다. 그러나 여기에서 모든 현실적인 문제가 파생되기 시작했다.

"너 몇 살이야?"

"내가 일단 선배니까 내 말 들어."

"감히 선배한테 이래라저래라야?"

"어쨌거나 넌 내 후배야. 내가 하라는 대로 해."

매사 이런 식의 명령하달은 진정한 커뮤니케이션이라고 할 수 없으며 그 어떠한 창의성도 기대할 수 없다. 리더란 탈권위적이어야 하며 모든 면에서 흡수하려는 넓은 마음과 큰 귀를 지녀야 한다. 염탐하는 귀가 아닌 진정으로 들어주려는 귀를 말한다.

원활한 소통의 신진대사는 비용의 최소화를 만들 수 있다. 모든 질병의 근원은 꽉 막힌 순환 때문이며 그로 인해 많은 병원비를 지불해야 하는 것처럼 조직의 소통도 마찬가지다. 미로처럼 막힌 조직에서의 두터운 소통의 장벽은 급기야 동맥경화를 가져오며 급성 심근경색을 불러온다. 조직 간의 커뮤니케이션에 누구보다도 눈 밝은 리더가 많아지길 기대한다.

말 그대로 네트워크 비즈니스는 원활한 소통의 통로를 만들어가는 일이다. 어느 한 곳이 막히면 그대로 결과로 드러난다. 소통의 조직화, 소통에 대한 노력이 곧 성공으로 가는 열쇠이기 때문이다. 리더는 이러한 소통의 순환고리를 잘 만들어주는 역할을 해야 한다. 이런 역할은 감성지수가 높아야 함을 뜻한다. 즉 공감능력이다.

진정한 리더는 회사와 사람을 만나게 하는 방법을 찾아야 한다. 단순하고 독재적인 요구와 명령은 네트워크 비즈니스에서는 통하지 않는다. 패드젯 퍼포먼스 그룹(Paddett Performance Group)의 짐 포베크 대표는 "직속 상사 때문에 회사를 그만두겠다고 밝힌 직원들이 전체의

80%를 차지하고 있다"고 밝혔다. 따라서 리더는 항상 먼저 자기 자신을 되돌아보고 점검해야 한다고 했다.

네트워크 비즈니스에서야말로 사람이 싫으면 쉽게 떠나가게 되어 있다. 사람이 좋아야 접착력이 좋아진다. 리더는 사람들을 더 많이 몰입시키고 집중시켜서 성공으로 향하는 하나의 목표에 대한 방향성을 자극시켜야 한다.

03

변신 로봇에게서
배우자

 착한 일을 하는 변신 로봇은 만화영화나 게임에서 볼 수 있는 주인공 캐릭터다. 제때 필요한 모습으로 변신을 도모하는 착한 로봇이다. 폭탄이 필요할 때면 어느새 팔꿈치에서 폭탄이 나가고, 불리할 경우엔 또 금세 날개가 펼쳐지면서 순간 위험한 위기를 넘길 수 있다. 아직 현실성 있는 것은 아니지만, 변신 로봇처럼 우리도 상황에 따라 자신을 변화시킬 줄 아는 센스가 필요하다는 의미이다.

 결혼식에 갈 때는 흰 옷을 피하고 초상집에 가려면 검은색 옷을 입어야 하듯이, 상대의 상황, 심정, 말투, 표정을 간파하려는 노력과 함께 상대와 호흡할 수 있는 커뮤니케이션 능력이 바로 그것이다. 변신 로봇처럼 T.P.O에 맞는 스피치 능력은 어디에서나 환영받게 되어 있다.

첫째, 타이밍을 잘 맞춘다.

일찍이 공자는 시중(時中)이라고 했는데 이는 요즘 말로 타이밍을 말한다. 즉, 상황과 처지에 알맞게 말과 행동하는 사람이 되어야 된다고 강조했다. 공자의 가르침에는 인간관계 형성에 대한 모든 것이 들어 있다. 공자는 면밀한 관찰을 통해 다종다양한 인간상을 파악하고 대처하는 방법을 알고 있었다.

요즘 흔히 말하는 배려 리더십은 서구에서 들어왔다. 이는 아시아에서 시작되어 역수입된 꼴인데 공자의 가르침 중 핵심이 '배려'였다. 상대방 입장에서 한번 생각해보는 것이다. 현대인은 저마다 바쁘고 남 챙겨줄 시간과 여유가 없다. 나부터 일단 살고 보자는 식이기 때문에 뒤돌아보거나 누굴 챙겨주기가 쉽지 않다. 그러나 그럴수록 우리는 남이 하지 못하는 것에 신경을 써야 한다. 이것이 어찌 보면 자기계발로 가는 지름길이기도 하다. 네트워크 비즈니스는 주변 사람들에 대한 따뜻한 관심과 배려를 필요로 한다.

둘째, 인간성을 잃지 말자.

따뜻한 온기를 내뿜는 인간미가 향기 나는 풀처럼 온 사방을 향으로 적시는 법이다. 공자는 따뜻한 휴머니즘 없이는 진정한 자기계발을 할 수 없다고 못 박았다.

군자는 화합하며 어울리되 덩달아 같아지지 않고
소인은 덩달아 같아지나 화합하지 못한다.

(子曰 君子和而不同 小人同而不和)

– 『논어(論語)』 자로 편(子路篇) 제23장 중에서

공자는 이 시대의 제대로 된 사람, 즉 군자는 대의명분을 지키며 사람과 사람의 협력, 조화, 상생을 이야기한다. 여기서 화(和)는 자기만의 특성, 색깔, 능력들을 다른 사람과 나누고 융합하는 것, 그래서 서로 조화를 이루는 것을 말한다.

우리 사회에서 인간미가 결여된 수재, 천재는 아무짝에도 소용없다. 그런 일들은 로봇이 대신할 수 있다. 인간이 인간성을 잃어버릴 경우 로봇과 지능 높은 기계에 먹혀들고 말 것이다.

셋째, 겸손하고 반성할 줄 알자.

로봇이 아무리 많은 일을 처리할 수 있다고 한들 인간이 조종해서 움직이는 허수아비일 뿐이다. 스스로 판단하고 그 결과에 대해 되돌아볼 수 없다. 그러나 인간은 반성을 할 수 있다. 이는 엄청난 존재감의 상징이다. 우리는 인간성 회복, 반성, 참회, 겸손 등을 지키기 위하여 노력할 때 더욱 풍성한 현대의 삶을 영위할 수 있을 것이다.

다시 로봇으로 돌아가자. 21세기는 수시로 변화하는 시대이다. 이에 따라 카멜레온처럼 상황에 맞게 변하는 현대인을 이상적으로 보고 있다. '카멜레온, 박쥐, 기회주의자'가 더 이상 나쁜 인간상을 뜻하지 않는다. 대상에 맞는 대화법을 구사하고, 상대의 성향을 최대한 존중하며 이에 대응하는 대화법을 구사한다는 것은 남과 다른 무기이자 기술이다. 내가 변하면 상대방도 변한다. 상대를 변화시키기 위해서는 나를 먼저 변화시켜야 한다.

변해야 한다.
긍정적으로 변해야 한다.
발전적으로 변해야 한다.
업그레이드된 나로 변해야 한다.
변화하라!

인간의 심리와 습관은 무서운 것이어서 변화하려는 움직임이 쉽게 뇌에 입력되지 않는다는 연구결과가 있다. 인간은 누구나 10%의 정도밖에 변화하려 들지 않는다는 과학적 증거다. 이 결과물은 IBM의 콘퍼런스에서 공개되어 당시 많은 청중들을 실망시켜 놓았다.

일례로 죽음에 임박한 환자들에게 그들의 죽음을 피하는 방법에 대한 해결책으로 그들의 건강에 나쁜 습관을 고치라고 했는데 제아무리 죽음이 목전에 닥쳐도 쉽게 고치려 하지 않더라는 것이다. 또한 의료예산의 80%가 환자 각각의 행동습관 때문에 낭비된다는 것이 입증되었다는 기사도 덧붙였다. 의료비 낭비를 막고 인간의 죽음을 막는 것은 결국 '실생활의 긍정적 변화'였다.

사람들의 행동을 바꾸는 것은 네트워크 비즈니스 세계에서는 더욱 큰 과제가 아닐 수 없다. 하버드 비즈니스 스쿨의 존 코터(John

Kotter) 교수는 "중요한 문제는 전략이나 구조나 문화나 시스템이 아닙니다. 문제의 핵심은 사람들의 행동을 끊임없이 변화시키는 것입니다"라고 일축했다.

적당한 스트레스와 위기감은 추진력과 돌파력을 증진시킨다. 존 코터는 "진정한 위기감은 자신의 목표나 비전을 행동으로 옮겨 달성해보겠다는 단호한 결의가 있을 때 찾아온다"고 했다. '궁하면 통한다'는 말로 바꿔 말할 수 있다. 그런 의미와 덧붙여 존 코터는 강조하기를, "리더는 사람들의 '머리'보다 '가슴'을 사야 한다"고 강조한다.

기업은 새로운 경쟁자의 출현이나 규제완화, 법 개정, 기업의 구조조정, 세계의 경제변화, 유가변동에 따른 시장경제 변화, 트렌드의 흐름에 따른 변화, 소비자 욕구의 변덕 등과 같은 다양한 변화에 대처해야 한다. 1인 기업인인 네트워크 비즈니스인들도 마찬가지이다. 위기에 대처하는 방법을 항상 모색해야 하며 어디에서 어떻게 무엇을 바꿔야 할지 항상 고민해야만 한다. 그런 면에서 변신 로봇이 되자는 것이다.

리더는 기업에서 일어나는 폭풍의 눈이 되어야 한다. 또한 변화하지 않으려고 애쓰는 고집불통 직원들을 살살 달래며 변화의 바람을 불러 일으켜야 한다. 아마도 리더의 가장 큰 역할은 이것이 아닐까 싶다.

또한 변화를 인지하면서도 나도 모르게 변화에 방어만 하고 있는 것은 아닌지 항상 자기 점검을 해야 한다. 자신과의 소통, 그리고 이것을 위한 교육, 그리고 다시 재무장. 이러한 반복적 학습과 실행이 네트워크 비즈니스인들에게는 매우 중요하다. 제아무리 냉혈한이고 이성적인 인간도 결국 감성으로 움직인다. 따라서 감성을 움직이는 변화의 흐름을 변신 로봇처럼 빠르게 감지하고 대처해야 한다.

04
공룡과
바퀴벌레의 차이

공룡과 바퀴벌레는 지구상에 동시에 태어났지만 바퀴벌레는 지금도 살아있다. 실제로 바퀴벌레는 기원전 약4억 년에 생겼다고 한다. 인류가 나타나기도 훨씬 전이다.

기원전 6500만년에 드디어 공룡이 멸망한다. 공룡은 생쥐가 꼬리를 갉아먹으면 전달속도가 느려 15초 후에 머리로 느낀다고 한다. 변화에 적응하는 속도가 너무나 느린 것이다. 반면 알을 밴 암컷 바퀴벌레에게 살충제를 뿌리면 죽으면서도 알을 낳는데, 그렇게 태어난 새끼는 살충제를 뿌려도 결코 죽지 않는다고 한다. 이 둘의 극명한 차이는 변화에 대한 적응도이다.

변화는 작은 것에서부터 시작한다. 최고의 실력을 가진 사람들이 혼신의 힘을 다해 만든 제품을 소개하는 일에 사업가의 자존심이 걸려 있다. 자신이 정성을 다해 만든 제품을 소개할 때에는 만드는 과정에서부터 어떠한 철학이 담겨있는지, 왜 이런 사업을 하게 되었는지가 자연스럽게 나오게 되어있고, 열의에 찬 목소리만 들어도 그 진실함이 전달된다.

그래서 네트워크 비즈니스를 통한 제품 설명은 실제 제품을 만든 사업가와 다를 수밖에 없다. 타 회사에서 나온 제품을 대신 소개하는 입장이기 때문에 그 열의가 직접적으로 전달되기 힘들 수 있다. 따라서 자신이 체험한 부분, 남이 성공적으로 경험한 사례들을 소개하는 것은 물론이고, 자신에 찬 음성과 자세가 밑바탕되어야 한다.

막말로 듣는 사람이 "당신이 만들었소?"라고 열정의 꺾으려 하더라도, 당황하지 않고 자신 있게 말을 이어갈 수 있어야 한다. 자신이 체험하고 경험한 후 나오는 말은 진실되게 전달된다. 그러나 입으로만 떠드는 것은 약장사 수준을 넘지 못한다.

여러 사람을 만나 자신의 일을 소개하고 제품을 소개한다는 것은 일종의 심리전이다. 가장 먼저 사업가로서의 자존심을 굳건히 해야 한다. 그런 만큼 준비를 철저히 하고 시작해야 한다. 그러기 위해 공부하고 또 공부해야 한다. 준비 없는 사업은 모래 위에 집을 짓는 일과 같다.

05
서로 다른 것을 인정하고 이해하자

보통 '다르다'와 '틀리다'를 혼용해서 사용하는 경우가 있는데, 그 두 단어의 뜻은 완전히 다르다. '다르다'는 비교가 되는 두 대상이 서로 같지 않다 또는 보통의 것보다 두드러진 데가 있다는 뜻이고, '틀리다'는 셈이나 사실 따위가 그르게 되거나 어긋나 있다는 뜻이다.

예를 들어, 내가 빨간색 티셔츠를 입고 싶어 사러 갔다. 빨간색 티셔츠를 찾기 위해 이 집 저 집을 기웃거렸는데 가는 매장마다 빨간색 티셔츠라고 보여주는 것이 다 제각각이다. 내가 찾는 빨간색은 명도와 채도가 가장 높은 그러니까 원색에 가까운 빨간색이었다.

"이건 아닌데요. 제가 원하는 빨간색과 다르네요."

'내가 의도한 바와 다르다'를 영어로 표현하면 'different'이다.

"빨간색 티셔츠를 사고 싶은데요"라고 했는데 매장 직원이 "아하! 그런데 올해 유행은 빨간색보다 노란색이거든요. 이 노란색은 어떠세요?"라고 엉뚱한 색을 권할 때 "아니에요. 제가 원하는 것과 틀려요"라고 말할 수는 있다.

'전혀 옳지 않다. 잘못됐다'를 영어로 표현하면 'wrong, go bad'이다.

앞에 두 영어 표현은 뜻이 전혀 다르다. 상대가 '나와 다르다, 내 것과 다르다, 우리와 다르다, 우리의 것과 다르다'라는 것을 성숙하게 받아들이자. 그랬을 경우, 우리는 모든 것을 더욱 풍요롭게 향유할 수 있게 된다.

동양과 서양은 다르다. 동양에서도 동남아시아와 동북아시아는 다르며, 중국, 일본, 한국이 각기 다 다르다. 그러나 고대로부터 인류는 자기가 사는 곳 저 너머를 동경해 몇 년이 걸려도 가보고 싶어 했다. 그러면서도 동시에 저마다 문명과 독특한 문화가 형성되어 왔다. 사막을 통한 교역, 바다를 통한 무역으로 서로가 만나 싸우고 합치고 섞였다. 문화가 풍성해지면 전통이 새롭게 만들어지고 그것을 '문화 창조'라고 한다.

고추가 그랬다. 임진왜란 이후 무기로 들어온 고추가 먹거리로 변신하면서 우리의 식문화를 완전히 탈바꿈시켜버렸다. 고추로 인해 김치도 새롭게 변신을 거듭하여 오늘날 대한민국을 대표하는 김치로 거듭났다. 지금은 전 세계에 고추 생산을 하지 않는 나라가 없을 정도로 고추는 인류의 사랑을 받는 식재료로 우뚝 서있다.

이처럼 글로벌한 고추도 우리나라에서만 창조되어 다시 새롭게 정착한 예가 있다. 바로 고추장이다. 이렇듯 아주 낯설고 적응이 안

될 정도로 이상한 것들이 들어와야 문화가 만들어지고 전통이 업그레이드된다. 전통을 그저 옛날 것, 옛 선조들이 향유했던 문화 정도로 인식하면 퇴보할 수밖에 없다. 전통은 우리가 만들어가는 것이다. 낯선 사람들끼리 만나면서 교류가 시작되고 문화와 문화가 섞이면 문화는 물론 실생활에서도 더욱 풍부한 경험을 할 수 있게 된다.

네트워크 비즈니스를 부정적으로 보는 사람들 중에는 변화를 싫어하고 옛것에 연연해하는 사람들이 많다. 낯선 이 시스템을 알아가고 배우도록 종용하고 변화의 시대상에서 어떻게 그 흐름을 타고 가야 할지에 대한 이야기도 도움이 될 것이다. 네트워크 비즈니스에서는 더욱 나와 다른 상대를 품어 안을 용기가 필요하다.

다름을 즐기자. 장자도 그러했다.

"오리의 다리는 짧지만 그것을 길게 이어주면 걱정거리가 되고, 학의 다리는 비록 길지만 그것을 잘라주면 슬퍼하게 된다.

　(鳧脛雖短(부경수단)이나, 續之則憂(속지즉우)요, 鶴脛雖長(학경수장)이나, 斷之則悲(단지즉비)라.)"[4]

"물고기는 물속에 있어야 살지만, 사람은 물속에 있으면 죽는다. 삶의 조건이 다르면 좋아하고 싫어하는 것이 다르다. 그러므로 옛 성인은 그 능력과 일을 획일화하지 않았다. 그러므로 옛 성인은 사람의 능력을 한가지로 보지 않고, 하는 일도 같지 않다.

---

4 『장자(莊子)』 외편(外編) 변무 편(騈拇篇)

(魚處水而生(어처수이생) 人處水而死(인처수이사) 彼必相與異(피필상여이) 其好惡故異也(기호오고이야) 故先聖不一其能(고선성불일기능) 不同其事(부동기사)"[5]

　서로 다름을 인정하고 대화의 광장이 열릴 때 우리의 삶은 풍요로워지고 창의적이 된다. 우리는 변화하지 않아 외세에 의한 격침에 시달리고 고통과 빈곤의 역사를 가져야했다. 부정적으로 변화당하기 전에 긍정적으로 변화를 시도하는 편이 낫다. 자꾸 안주하려 드는 정착민의 DNA로는 이제 더 이상 세상을 살아갈 수가 없게 되고 있다. 생각에서부터 유목민 DNA를 지녀야 할 시대다.

5 『장자(莊子)』 외편(外編) 지락 편(至樂篇)

06
세상은 미친 사람에 의해 새로워진다

　레오나르도 다빈치가 미켈란젤로와 뚜렷이 비교되는 점이 즉흥성과 연출성이다. 다빈치는 그림을 비롯한 표현방식이 특별했다. 상대에 따라 연출, 표현방법을 다양하게 구사하면서 천재적으로 자신이 생각하고 있는 바를 표현해냈다.

　그는 카멜레온처럼 얄미울 정도로 완벽하게 변신했다. 그만큼 스스로에 대한 꽉 찬 자신감이 내재해 있음은 말할 것도 없다. 그러면서도 자신의 감성을 일깨우기 위해 많은 에너지를 쏟기도 했다. 특정 아로마향을 피우면서 자신의 창작 의욕을 북돋우었으며, 언제나 패셔니스타(fashionista)처럼 꾸미고 다녔다.

　그러나 마음 내키는 대로 즉흥성과 연출성을 표출해낸 것이 아니라는 점에 반전 포인트가 있다. 다빈치는 완벽하고도 정확함을 추구했다. 완전무결한 자연의 원리에 매료되어 절대적 아름다움과 균형은 오직 신만이 만들 수 있다고 믿었다. 그래서 그는 이토록 완전하고 절대적인 아름다움의 비밀을 찾고자 인간의 영혼을 들여다보는 일에 집중했다.

1465년 토스카나 지방의 산골마을 다빈치에서 레오나르도 다빈치는 사생아로 태어났다. 그의 아버지는 범상치 않은 그의 행동에 인간은 땅에서만 있으라고 만들어진 것이며, 신의 영역에 도전해서는 안 된다고 말했다. 그러나 다빈치는 "저는 신과 자연을 속이고 싶어요" 하며 당돌하게 말했다. 자신의 내면에서 불타오르는 창작에 대한 욕구와 새로운 것에 대한 지적 호기심을 주체하기 어려웠던 것이다.

그의 친구이자 예술가인 로렌초까지도 신의 역할까지 하려고 드는 것은 안 될 일이라고 강력하게 말렸을 정도였다. 그러나 레오나르도는 "신은 자신과 닮은 인간을 창조했다. 그래서 생명체 중에서 유일하게 인간만이 창조력을 지니고 있다. 누군가는 창조력을 활용해야 한다"고 로렌초를 가르쳤다.

당시 하늘을 압도할 만큼 위압적인 권력은 교회에 있었다. 그러나 다빈치는 교회의 압력에도 굴하지 않고, 신의 영역에 굴하지 않고 과감하게 자연을 탐구하고 인간의 영혼까지 들여다보려는 시도를 했다. 특히 당시 있을 수 없는 거대한 중죄로서 사람과 동물의 해부를 감행한 것도 파격이고 변화이고 변신의 한 부분이었다.

변화라는 것은 자기 속의 두꺼운 벽을 깨는 일이고, 세상과의 시류에도 벗어나는 일일 수도 있다. 그러나 안타깝게도 틀에 박힌 삶을 살며 일용할 양식을 구하러 다니느라 우리는 가장 큰 목표에 집중하지 못하고 있다.

내공이란 말이 있다. 자신을 깨끗이 비우고 새로운 것을 채우고 보다 새롭게 보다 넓게 받아들이고 배울 자세가 되어 있는 사람을 '내공이 깊다'라고 한다. 자신의 목적과 방향을 바탕으로 한 자기표현은 단순한 스킬과 테크닉들로 형성되는 것이 아니다.

'수다쟁이 같은 똑같은 이야기꾼인데 뭔가 다르다. 작업장에서는 거친 목수같이 땀과 물감, 종이, 조각들로 뒤범벅되어 있지만 거리로 나올 때는 패션리더처럼 우아하게 그 자태를 드러냄.'

이것이 레오나르도 다빈치에 대한 묘사였다.

이성에 대한 관심도 없었는데 무엇 때문에 자기표현에 열을 냈을까도 싶다. 그는 종교적 거룩함과 숭고함에 대해서는 과격하게 손사래를 치면서도 자신만의 고집이 있는 학자같이 보였다. 연극배우 같기도 하고 자신의 정체를 드러내지 않으려는 비밀 간첩단 같은 행위로도 보인다. 그의 이러한 변덕스러운 연출과 자기표현에 대한 모습이 우리가 지향해야 할 모습이다.

이 세상에는 배워야 할 것, 모르는 것이 너무도 많다. 나의 것이 아니라는 선입견과 편견이 영역 확대를 막고 있을 뿐이다. 진정한 자유인은 편견을 깨부순다. 확고한 중심이 서게 되면 자기표현에 대해 거리낌이 없어지고 어디에서나 당당해진다.

평범한 사람보다는 조금 이상하다는 말을 듣는 사람을 더욱 만나고 싶어진다. 그들에게는 뭔가 특별한 구석이 있기 때문이다. 타인에 대한 호기심은 나에게 큰 발전을 가져온다. 그들과 대화를 나누고 나면 건전하지만 파괴적인 생각들이 솟아나기도 한다.

웨인 버칸(Wayne Burkan)은 『눈을 크게 뜨고 주위를 보라(Wide Angle Vision)』에서 우리를 일깨웠다. '이렇게 혼란스러운 세상에서 우리를 구원해줄 존재는 대기업에서 쫓겨났거나 무시당한 사람과 기업이다'라고 화끈하게 말함으로써 더욱 혼란스럽게 하고 있다.

그런가 하면 캐논 CEO였던 미타라이 하지메(御手洗肇)는 한술 더 뜬다.

"우리는 사람들이 미친 짓이라고 하는 말과 행동을 해야 한다. 사람들이 좋다고 말하면 이미 다른 누군가가 하고 있다는 뜻이다."

혁신의 선봉에 서는 세계의 CEO들은 이렇게 생각하고 말하고 있다. 뭔가 남달라야 한다. 어디에서나 들을 법한 자기표현은 아무짝에도 쓸모가 없을 날이 곧 온다. 평범하고 규격화된 것은 앞으로 로봇과 기계가 처리해줄 테니까 말이다.

- 평범하다, 진부하다, 규격화되어 있다, 누구나 생각할 수 있다 (×)
- 신선하다, 다르다, 과격하다, 미쳤다, 이상하다, 지켜볼 필요가 있다, 엉뚱하다 (○)

괴짜 경영인 리처드 브랜슨(Richard Branson)은 인생 자체가 드라마다. 고등학교 중퇴자로 약 400개 회사로 이루어진 버진 그룹을 이끌고 있는 CEO다.

"내게 사업은 멋진 신사복을 입는 것이나 주주들을 즐겁게 하는 것과는 관계가 없습니다. 사업이라는 것은 자신과 자신의 생각에 솔직해지는 것이고 알짜배기에 집중하는 것입니다. 가장 값싸게 하는 방법이나 가장 빠르게 하는 방법을 생각하지 마세요. 가장 훌륭하게 하는 방법을 생각하세요."

그의 성공노트는 매우 현명한 문구들로 가득 차 있다.

1. 하고 싶은 일을 미친 듯이 한다.
2. 악조건을 기회로 삼는다.
3. 스스로 즐기며 남들도 즐겁게 한다.

07

소리가
약이다

소리 그 자체로 병을 치료한다면 믿을 수 있을까. 미국에 20세 자폐증 청년이 있다. 말은 하지만 대화는 불가능한 상태이다. 그는 사회성이 전혀 없지만 천재다. 그의 이 안타까운 상황을 알게 된 사람들에게 소리치료를 권유받아 그의 부모는 모 대학병원을 찾기에 이른다.

치료방법은 특별하다. 헤드폰에서 들리는 소리가 이 청년의 치료약이다. 헤드폰 속에서 흐르는 소리는 바로 모차르트의 교향곡이다. 그러나 우리가 흔히 감상하는 모차르트의 음악이 아니라 저음만 빼고 고음만 듣는다. 고주파는 사람에게 생동감을 불어넣어주고 지적으로 생각할 수 있도록 도와준다. 고주파는 두뇌활동을 오랫동안 지속하게 해주기 때문이다. 저주파가 쿵쾅거리며 감정을 자극한다면, 고주파는 인지를 자극하는 에너지를 준다고 한다.

소리와 청각의 관계를 다시 한번 생각하게 하는 이야기이다. 소리란 우리 삶에서 많은 부분을 차지하고 있다. 소리란 공기입자의 운동이며 에너지의 파동현상이다. 그 소리가 인지능력을 자극한다.

공포영화에서 소리를 없애고 영상만 보여주었을 때와 소리만 들려주었을 때 큰 차이가 있다고 한다. 실험자들은 소리만 들려주었을 때 오히려 더욱 큰 공포감을 느꼈다고 한다. 영상만 봤을 때는 두뇌의 전두엽 부분만 붉은색을 띠었는데, 소리만 들었을 때 뇌 전체가 붉은색으로 변했다. 이처럼 소리는 뇌에 큰 영향을 미치기 때문에 자신에게 맞는 소리는 명약 중의 명약이라고 한다. 그래서 각 개인에게 맞는 소리를 찾는 것은 중요한 일이다.

분노가 일어났을 때 만들어지는 주파수가 있다. 그런데 그 주파수와 동일한 플러스 주파수로 자극을 주면 분노가 없어진다고 한다. 그렇다면 어떻게 나에게 맞는 소리를 찾는가.

모든 사람들에게 좋은 소리는 '자연의 소리'다. 귀로 먹는 보약인 셈이다. 하지만 흔히 스트레스를 받았을 때나 몸이 아플 때, 심하게 분노가 일어날 때, 싸울 때 등 인간사에 얽혀 살아가는 우리로서 자연의 소리를 벗하며 있기엔 참으로 어렵다. 여기서 필자가 말하고 싶은 것은 자연보다 더 값진 소리가 사람의 소리라는 뜻이다.

소에게 여물을 먹일 때 "잘 먹어라"라고 할 때와 "이놈의 자식! 밥만 축낸다"라고 말할 때 소는 분명 다르게 큰다. 사람이 사람에게 하는 말은 설명할 필요도 없다.

사람은 감정의 동물이라 마음을 감싸주는 말 한마디로 모든 것이 눈 녹듯이 녹아버리곤 한다. 최고의 말, 찬사, 칭찬, 사과, 위로, 공유하는 말을 생활화하자.

인간의 생각이 물에 전달되면 물이 얼었을 때 그 결정의 모양이 아름다워지거나 추해진다는 주장으로 널리 알려진 에모토 마사루(江本勝)는 밥에도 같은 실험을 했다. 고슬고슬하게 잘 지어진 따뜻한 밥을 두 플라스틱 용기에 넣고 뚜껑을 닫는다. 한쪽에는 '안녕하세요. 사랑합니다'라고 말했고, 다른 한쪽에는 '미워요'라고 말했다. 한 달 후, 긍정적인 말을 들은 밥 위에는 고소한 누룩곰팡이가 피어있었고, 부정적인 말을 들은 밥 위에는 악취를 풍기는 곰팡이가 진동했다고 한다.

내 자신도 마찬가지다. 우리가 어떤 마음가짐으로 살아가느냐에 따라 물 즉 피의 성질이 바뀌고, 그 변화는 바로 몸에 나타나게 되어 있다. 그의 주장이 과학계에서 논란에 휩싸이기도 했었지만, 분명 긍정적 말에 대한 깨우침을 주고 있다.

대화를 나누면서 나는 독이 되는 말을 하는지 복이 되는 말을 하는지 생각해보자. 그것이 돈으로 연결된다면 더욱 중요하지 않나 싶다. 인간사 모든 것이 커뮤니케이션으로 시작해서 커뮤니케이션으로 끝난다고 해도 과언이 아니다. 이것이 곧 인생이다. 내 인생을 행복하게 만들 것인가. 불행하게 만들 것인가.

08
스피치로 전 세계 영웅이 된 인물

　병약하고 키도 작고 거기에다가 구부정하기까지 한 소년이 있었다. 이 소년의 부모는 둘 다 정치권에서 활동하느라 돌봐줄 틈이 없었기 때문에 그는 시간이 갈수록 위축되어갔다. 더구나 혀 짧은 소리에 버벅대기까지 하여 친구들로부터 늘 괴롭힘을 당했다. 워낙 병약하여 학교 다니기도 힘들었기 때문에 성적도 형편없었다. 하지만 다행히 정당 당 수장을 지낸 아버지(하원의 보수당 당수 역임) 덕분에 군사학교에 입학하여 간신히 졸업할 수 있었다.

　군사학교 졸업 후, 우여곡절 끝에 런던 신문사의 기자가 되었지만 외모와 거친 말투 때문에 인정받기는 무척 힘들었다. 신경이 거슬릴 정도의 목소리, 심하게 더듬는 말 습관에다가 어느 정도 말을 하다 제 풀에 흥분하는 모습이 다른 사람들에게는 꼴불견으로 비춰졌다. 한마디로 내세울 게 하나도 없던 청년이었다.

그러던 어느 날, 어머니(미국인으로 뉴욕 은행가이며 뉴욕타임스 대주주의 딸이다. 그의 우울증 원인이 정치에 바쁜 아버지뿐만 아니라 사교와 파티문화 때문에 바쁜 엄마 때문이었다고 전해진다.)의 심부름 때문에 뉴욕으로 가게 되었다. 어머니의 친구는 딱 벌어진 어깨와 큰 키에 위엄을 갖춘 사자상의 얼굴로 날카로운 눈매가 돋보이는 남자였다. 친구는 뉴욕에서 활동하는 아일랜드 출신 미국인 변호사이자 정치가 윌리엄 부크 코크란(Bourke Cockran)이라는 사람이었다. 특히 코크란은 목소리가 매력적이었는데, 이 구부정한 기자는 이후 완전히 매료되어 그는 당신과 같은 음성에 수려한 말솜씨를 배울 수 있도록 해달라고 맹목적으로 매달렸다.

그는 편지로 코크란의 원격 교육을 청하는 한편, 경제학과 사회학 공부를 하면서 스피치의 대가가 되기 위한 준비를 차근차근 해나갔다. 내세울 것 없는 학력과 외모, 목소리조차 혐오스럽던 이 청년이 바로 한 나라를 한마디로 불끈 일으켜 세운 윈스턴 처칠 수상이다.

처칠은 제2차 세계대전에서 모든 힘을 잃어버린 영국 국민들을 향해 따뜻하면서도 힘을 심어주는 연설로 다시 한 번 영국을 일으켜 세웠다. '그는 돈을 잃는 것은 작게 잃는 것이며, 명예를 잃는 것은 크게 잃는 것이다. 그러나 용기를 잃는 것은 전부를 잃는 것이다'라는 말 한마디로 국민들에게 희망과 용기를 안겨준 영원한 영웅이 되었다. 소심하고 연약하고 잘 울던 소년은 전쟁 속에서도 낮잠을 즐길 정도로 낙천주의자가 되었으며, 최고의 유머인이자 예술가로서 삶을 여유롭게 즐길 줄 아는 사람으로 거듭난 것이었다.

2002년 전 영국의 로이터통신과 BBC방송은 영국인 100만 명을 대상으로 설문조사한 결과, 영국 국민이 가장 존경하고 사랑하는 사람으로 윈스턴 처칠을 꼽았음을 전 세계에 알렸다. 세월이 흘러도 셰익스피어와 함께 처칠에 대한 사랑과 존경을 그들의 자부심으로 내세우고 있다. 그를 사랑하는 이유 중 가장 큰 것은 그의 연설. 즉, 스피치였다. 위축되어가는 영국 국민을 향한 용기, 자부심들을 감동적으로 표현한 그의 말, 말, 말들은 영원히 영국인의 가슴속에서 울려 퍼질 것이다.

그는 2차 세계대전 후 총리에서 물러난 뒤 옥스퍼드 대학 졸업식에서 연설을 했다. 이미 그는 일흔이 넘은 할아버지였다. 그는 30초 가량 침묵으로 청중을 물끄러미 바라보다가 입을 열었다.

"Never, never, never give up!"

청중들은 의외의 간단한 발언에 무언가 더 할 말이 있을까 싶어 기다렸다. 이번에는 더 큰 목소리로 우렁차게 외치는 것이었다.

"Never, never, never give up!"

이 짧은 말에 모두가 눈물을 흘리며 감동에 젖어들었다. 그는 천천히 모자와 코트를 집어 들고 퇴장했다. 그가 무대에서 사라지고 나서도 강당은 환호로 오랫동안 가득 차 울렸다.

코크란이 처칠에게 가르친 이 스피치 훈련은 루스벨트가 그대로 답습했고, 레이건과 클린턴으로 이어지는 최고의 리더십 스피치로 내려오고 있다. 아직도 우리 사회는 스피치에 대한 반감이 있다. 빈수

레가 요란하다는 식의 스피치를 터부시하는 우리로서는 한 번쯤 되새겨 볼 만한 역사적 사실이 아닌가 싶다.

Part 07

상품보다
마케팅이
더 중요한 이유

01

네트워크가
힘이다

건강 상태와 식습관에 따라 필수적으로 보충해야만 할 영양소가 사람마다 다르다. 종합비타민을 먹는 것도 나쁘진 않겠으나, 본인에게 부족한 것을 맞춤형으로 보강하는 것이 비타민 처방전이다.

이처럼 우리 일상생활에서도 넘치거나 모자라는 것에 있어 스스로 점검해봐야 할 필요가 있다. 성공을 위한 자기계발에 있어 리더십, 화술, 대인관계, 동기부여, 경제 관념, 시간 관리, 목표 관리 등 많은 것들이 세분화되어 성공을 향한 갈증을 부채질하고 있는 요즘이다. 결국 모든 것은 하나로 통하기 마련이지만, 어디에 더욱 주안점을 두어야 할지 고민해보아야 한다.

IBM이 최근 의뢰한 한 연구 결과에 따르면, 성공의 조건에서 능력이 차지하는 비율은 10%에 불과하였고 나머지 90%는 인지도와 이미지였다. 기본 능력을 갖추고 얼마나 많은 사람들, 특히 영향력 있는 사람들을 아느냐가 관건인 시대다. 능력 위주의 자유경쟁체제인 미국이라는 나라에서 이렇게 조사되어 나왔을 정도인데 우리나라야 말할 것도 없다. 능력보다 혈연, 지연, 학연에 매여 불공평하게 발탁된다는 식의 푸념은 우리나라에서만 고질적으로 남아있는 단점이다.

네트워크에 대한 중요성은 오히려 미국에서 더 크게 부각되고 있으며, 네트워크에 의한 비즈니스는 더욱 활성화되고 있다. 뛰어난 능력을 갖춘 사람들 중에서도 대인관계가 최고의 날개가 되는 것은 불변의 법칙이다. 바로 이것이 비타민 N(Network)이다. 핵심 인사들과의 인맥이 없으면 제아무리 능력이 뛰어나도 먹혀들지 않는다는 것이다.

대인관계라는 것을 그저 '줄 잘서기'로 오해하면 착오다. 지식 정도는 평준화되어 가고 있으며, 유능한 인재의 과잉공급 현상까지 나타나고 있다. 수많은 인재들 중에서 선택하기란 쉽지 않기 때문에 지인들로부터 고급 정보를 받을 수 있는 사람에게 기회가 더 많이 주어지는 법이다.

독일에서는 기업체 간부를 뽑을 때는 70%가 인맥을 통해 뽑는다고 한다. 소위 말하는 '추천제 선발'이다. 결국 '네트워크 능력'을 최고로 본다는 말이 된다. 네트워크 능력을 발휘하기 위해서는 무엇이 중요할까? 자신의 목적을 달성하기 위해 생전 연락 한번 없던 동창으로부터 전화를 받으면 오히려 반가움보다 씁쓸한 기분이 드는 것은 인지상정이다.

따라서 사람을 만나기 위해서는 사람이 모이는 곳으로 자주 가야 하고, 자신이 돋보이는 방법도 잘 알고 있어야 한다. 관계를 맺는 것 못지않게 유지도 중요한데, 이러한 일련의 과정들에 있어 끈끈한 연결고리를 만들어주는 것이 바로 커뮤니케이션이다.

　화초에 물을 주고 그 다음날 바로 꽃을 기대할 수 없듯이 커뮤니케이션을 통한 인간관계도 씨를 뿌리고 물을 주고 뜸을 들여야 결실이 맺어진다. 진득하게 기다릴 줄 알아야 하며 그러한 기다림이란 평소에 사소하지만 뜨거운 관심을 주는 것에서부터 시작해야 한다. 목적 없는 만남과 교제. 그리고 따뜻한 배려와 경청만이 비타민 N(Network)을 제대로 소화시켜 줄 것이다.

02

경청과 FAMILY

경청은 인간관계를 맺고 유지할 때 가장 중요한 기술이다. 어떤 사람들은 말수가 적은 경우 '난 말하는 것보다 경청을 잘해요'라고 하는데, 말을 못하는 것과 경청은 같은 말이 아니다. 핑계일 뿐이다. 경청 역시 커뮤니케이션 과정 중의 하나이며, 함께 주고받는 가장 대표적인 행위이다. 따라서 경청에도 적절한 방법과 훈련이 필요하다.

---

1. **F**(Friendly)　우호적인 감정으로 듣기

2. **A**(Attention)　집중해서 듣기

3. **M**(Me Too)　맞장구치며 듣기

4. **I**(Interest)　흥미를 표현하기

5. **L**(Look)　상대를 바라보며 듣기

6. **Y**(You are centered)　대화의 중심이 상대임을 느끼도록 하기

---

1. F(Friendly): 우호적인 감정으로 듣기

대화내용에 맞는 표정의 변화가 필요하다. 기쁜 소식일 때는 밝은 표정으로 유감스러울 때는 같이 속상한 표정으로 들어야 한다. 그러면 상대방의 마음이 편안해져서 더 깊은 이야기를 꺼내게 된다.

사람의 두뇌에는 거울신경세포(Mirror neuron)[6]가 들어있기 때문에 바라보고 있는 사람은 상대방의 표정, 제스처, 말투 등을 따라 하게 되어 있다. 내가 팔짱을 끼고 있으면 상대방도 무의식중에 팔짱을 끼려고 할 것이다. 내가 슬픈 표정이면 함께 슬퍼하게 되고, 내가 밝은 표정이면 함께 밝아지게 된다.

2. A(Attention): 집중해서 듣기

상대에게 집중하고 있다는 것을 보여주기 위해서는 몸을 앞으로 숙이거나, 하던 일을 멈추고, 때로는 메모를 하면서 들을 수도 있다. 물론 시선을 맞춰야 하고, 눈썹이 움직이는 신호를 주는 것도 좋다. '내가 지금 당신의 말을 잘 듣고 있어요'라는 보디랭귀지이다. 이런 작은 것들 하나하나가 다 커뮤니케이션이며 스피치다.

3. M(Me Too): 맞장구치며 듣기

맞장구를 쳐주면서 듣는 것이다. 고개를 끄떡이면서 '아, 맞아요. 맞아요! 그래요…….' 하는 것은 당연히 말하는 사람을 신나게 해준

---

6 1980~1990년 사이에 자코모 라촐라티(Giacomo Rizzolatti)를 비롯한 이탈리아 신경과학자들은 원숭이를 연구하면서 뇌에 몸의 움직임을 조정하는 운동신경세포를 발견하였다. 다른 사람이 움직이는 모습을 보고 거울처럼 똑같이 흉내 내 활성화된다고 하여 거울신경세포라고 명했다.

다. 그리고 '아, 음, 오, 저런, 아이고' 등의 추임새를 가끔씩 넣어주는 것도 센스다. 말하는 사람이 사용한 말 중에 가장 중요한 핵심적 단어를 따라 하는 것도 좋다. 심하게는 무릎을 탁 치며 '맞아요. 아, 좋아요'라고 할 수도 있고, 손뼉을 치는 경우도 있다.

4. I(Interest): 흥미를 표현하기

확인하고 질문하는 태도를 통해 상대방은 '이 사람이 내 말에 흥미가 있구나' 하는 인식을 하게 된다. 누구든 자신에게 관심을 갖고 있는 사람을 만나면 화자는 신이 나게 된다. 대화 중간에 살짝 치고 들어가 확인하는 방법이다. 상대가 기분 나쁘지 않게 타이밍을 잘 맞춰야 한다.

5. L(Look): 상대를 바라보며 듣기

상대방을 바라보면서 듣는 것이다. 말하는 사람 즉 화자는 상대가 이야기를 하는데 쳐다보지 않거나, 다른 곳을 바라보거나 주변을 계속해서 두리번거릴 때 불쾌감을 느낀다. 화자에게 '관심이 없구나' 하는 단적인 표시로 보인다.

6. Y(You are centered): 대화의 중심이 상대임을 느끼도록 하기

대화를 할 때 미련한 것이 내가 대화의 중심이 되려고 하거나, 내 말이 옳다는 것을 보이려고 경쟁하듯이 주장할 때다. 이것은 '당신을 위한 대화'라는 것을 느끼게 하는 것이 경청과 스피치의 핵심요소라는 점을 잊지 마라.

침묵은 예술이다. 웅변도 예술이다. 그러나 경청은 잊혀져가는
예술이다.

- 키케로(로마의 정치가)

내가 말을 잘하는 비결은 상대의 말을 잘 들어주는 것이다. 대화
의 시작은 말하기가 아니라 듣기이다.

- 래리 킹(앵커)

세상의 많은 사람들이 자신의 이야기를 들어줄 사람을 구하지
못해 정신과 의사를 찾는다. 한 사람의 이야기를 들어준다는 것
은 그 한 사람을 구제해 주는 위대한 일이다.

- 미국의 월간잡지 「리더스 다이제스트」 중에서

"세상에서 가장 어려운 일이 뭔지 아니?"
"흠… 글쎄요. 돈 버는 일? 밥 먹는 일?"
"세상에서 가장 어려운 일은 사람의 마음을 얻는 일이란다."

- 생텍쥐페리의 『어린왕자』 중에서

경청은 귀로만 하는 것이 아니다. 눈으로도 하고, 입으로도 하
고, 손으로도 하는 것이다. 상대의 말에 귀 기울이고 있음을 계

속 표현하라. 몸짓과 눈빛으로 반응을 보이라.

'귀 기울여 들으면(以聽), 사람의 마음을 얻을 수 있다(得心)'

– 조신영의 『경청』 중에서

03
마음을 움직이는
설득 5계명

네트워크 비즈니스인들에게 가장 중요한 것은 상대를 설득시키는 일이다. 기존의 왜곡된 정보를 올바로 세워줘야 하고, 그 세운 토대 위에 새로운 정보를 올려놔야 하는 어려운 작업이 기다리고 있다. 자신에 대한 호감도를 키우는 일이 선행되어야 한다. 겸손한 자세와 진정성 있는 인사, 재미있는 이야기 등을 준비하자.

설득이란, 총체적인 커뮤니케이션의 결과물로써 입체적이고 복합적인 스피치의 꽃이다. 아주 조심스럽고 예민하고 세심할 필요가 있으며 준비하고 기획해서 만들어내야 하는 것이기 때문이다.

첫째, 제품에 대해 잘 알아야 한다.

자신이 소개하고 싶은 이야기, 회사, 제품, 기획안 등의 특징을 정확히 파악해야 한다. 그저 대충 '좋은 것', '괜찮은 것', '남들이 좋다고 한다' 식으로 남들에게 다가가는 것은 뿌리 없는 나무에 불과하다.

"이런 제품 종류의 특징은 크게 3가지입니다. 그중에서도 기존 상품과 가장 큰 차이점이라면 ○○○입니다"라고 간결하면서도 자신 있게 말할 수 있어야 한다. 장황하게 늘어놔봤자 아무도 귀담아 듣지 않는다.

둘째, 설득하려는 상대를 잘 알아야 한다.

상대가 무엇을 원하는지, 상대의 관심이 어디에 있는지, 매사에 의심이 많은 사람인지, 네트워크 비즈니스에 대해 거부감이 강한지 등 상대가 어떤 스타일인지 여러 가지를 조목조목 알아내야 한다. 그래야 그 상대방에 맞는 스피치와 전달하려는 정보내용, 전달하는 스타일 등의 전략이 서게 되기 때문이다. 사람에 따라서는 네트워크 비즈니스에 대한 편견이 심한 사람, 호의적인 사람부터 시작해 다종다양한 반응을 보일 수 있다.

셋째, 대화 진행의 시나리오를 그려본다.

어떤 식으로 인사를 하고 어떤 식으로 말을 꺼낼지, 그리고 상대에 맞게 그때는 어떻게 어떤 방식으로 제품에 대한 설명을 시작할지 등에 대해 그림을 그려봐야 한다. 알맞은 정보를 제공한 뒤에도 상대가 망설이면 어떻게 공략해야 하는지, 최후의 타협점은 어떻게 잡아야 하는지 등을 머릿속으로 그려야 한다.

넷째, 나만의 핵심문구(Head copy)를 만든다.

철학이 담긴 성공문구는 나를 대신한다. 희망을 자극하고 함께하고 싶은 충동을 만드는 문구로 만들어본다. 광고하는 사람들은 멋진 제목으로 승부를 건다. 고객의 구매심리를 자극하는 핵심요소를 알기 쉬운 선전문구로 써본다. 그리고 활용한다. 방송이나 여러 매체에서 사용하는 광고문구들을 유심히 관찰하고 비슷한 것으로 모방해도 좋다. 이러한 작업들은 자신을 위한 성공가도에 불을 지피게 될 것이다.

다섯째, 다양성을 인정하라.

일본 춘추전국시대에는 오다 노부나가(織田信長), 도요토미 히데요시(豊臣秀吉), 도쿠가와 이에야스(德川家康) 이 세 인물이 활약하며 역사를 펼쳐 나갔다.

그중 오다 노부나가는 어릴 때 바보라고 불릴 만큼 우둔하고 용모도 형편없어 형제들과 친척들에게 놀림을 받고 자랐다. 그러나 그의 아버지가 죽은 후 기존의 이미지를 벗고 뛰어난 전략적 재능을 발휘해 오와리국의 태수 자리까지 오르게 된다. 그는 성격이 급하고 용맹하고 대담했다고 한다. 그러면서도 대단히 계획적이고 합리적이었다.

특히 새로운 것을 수용하는 데에 무척 개방적이고 민첩했다. 서양으로부터 들어온 총포를 가장 먼저 받아들였다. 전투에서는 강한 카리스마를 뿜는 한편 서민들과는 함께 어울려 노래도 부르고 춤도 추는 소탈한 모습도 보였다. 통일을 앞두고 히데요시의 손으로 넘어가는 아쉬움을 뒤로하고 자결하고 만다.

히데요시는 1590년 일본을 통일하여 모모야마시대를 열었다. 신분을 엄격히 구분하고 강력한 지배층을 형성했다. 이로 인하여 농업기술의 발전과 상업의 발달을 가져왔다. 미천한 출신에 가정형편도 불우했던 인간 승리의 주인공답게 그는 일본 천하통일을 달성시켰다. 그리고 과도하게도 중국을 넘보려는 생각에까지 미쳤다.

그는 조선과 명을 정복하고, 이후 동남아시아와 멀리 인도까지 침공하려는 계획을 세웠다. 하지만 그의 세계 정복은 임진왜란 때 조선의 이순신 장군과 의병들을 만나 죽음과 함께 꿈이 끝나버렸다.

도쿠가와 이에야스는 히데요시가 죽은 후, 전국(戰國)을 제패하여 에도막부(江戶幕府)를 개창하고 첫 쇼군(將軍)이 되었다. 수도를 교토에서 도쿄(에도)로 옮긴 장본인이기도 한데, 에도막부를 건설하여 일본 열도를 혼돈의 세계에서 구한 경영인으로 평가받고 있다.

"인생은 무거운 짐을 지고 가는 먼 길과 같으니 절대 서두르지 마라. 물은 배를 띄워주지만, 다른 한편으로는 배를 뒤집기도 한다."

이 셋을 두고 일본에서는 '오다가 쌀을 찧어 하시바(도요토미)가 반죽한 천하라는 떡을 도쿠가와가 힘 안 들이고 먹었다'라고 한다. 이들은 성격과 기질 모두가 매우 대조적이어서 서로를 비교해 이야기하는 것이 보편화될 정도이다.

'손안에 있는 새가 울지 않을 때 어떻게 반응하느냐'로 성격을 묘사하곤 하는데, 다혈질이고 과격한 성격의 노부나가는 "울지 않는 새는 죽여버린다", 전략가 히데요시는 "어떻게든 그 새를 울게 만든다", 역경을 견디며 기회가 오기만을 기다리는 이에야스는 "새가 울 때까지 기다린다"는 식으로 표현한다.

이를 화법에 대입해 보면 단숨에 강제로 상대를 설득하는 '노부나가 형'과 치밀한 논리로 서서히 상대를 몰아넣듯 설득하는 '히데요시 형', 그리고 불굴의 인내와 끈기로 자신의 주장을 관철시키는 '이에야스 형'으로 나누어 설명할 수 있겠다.

이렇듯 교섭 내용과 상대에 따라 대응방법이 달라져야 함은 물론이다. 그러나 가장 확실한 방법은 상대가 누구든 감동을 주는 것이다. 감동한 상대방은 그를 다시 찾고 싶어 한다. 감동을 주려면 이야기 자체에도 힘이 있어야 하지만, 그림을 직접 보거나 냄새가 지금 나는 것 같은 선명한 묘사력도 중요하다. 또한 시사적인 이야기도 중요도를 더해줄 수 있다. 동시에 밝은 전망을 보여주고 희망적인 메시지를 주어야 한다.

지금 당장 성격을 고치라는 것은 아니다. 타고난 천성을 바꾸는 것은 미련한 일이다. 다만 자신의 성격에서 장단점을 발견하고 보완하려는 자세가 중요하다. 그리고 무엇보다도 상대를 위한 배려를 늘 마음에 깔고 있어야 한다. 이것은 상대가 원하는 정보를 제공하는 것이 주축이 되어야 한다는 의미다.

04
고객 컨설턴트가 되라

세일즈맨은 사람을 잘 다루는 기술을 갖춘 인간관계 전문가다. 고객 한 사람 한 사람의 니즈(needs), 즉 '원하는 것'을 파악해 그 고객에게 최적의 솔루션을 찾아 구매하도록 도와주는 컨설턴트이다. 또한 고객의 개인 성향에 따라 창조적인 역할 연기까지 해야 하는 탤런트가 되어야 한다.

자신이 아는 사람으로부터 네트워크 비즈니스는 시작된다. 또 그렇게 시작하는 것이 당연하다. 그러다가 모르는 사람까지 넓혀나가는 가운데, 잠재 고객을 발굴해 그들이 이해할 수 있는 방법으로 상품의 가치를 설득할 수 있어야 한다.

세일즈맨의 일상은 고객을 만나는 일로 시작해 고객을 만나는 일로 끝난다. 그러므로 항상 고객에 따라 복장이나 태도, 언어를 적절하게 연출해야 한다. 따라서 고객의 입장에서 상품을 연구하고, 사용 방법에 따라 세일즈 포인트를 찾아내는 방법을 이해해야 한다.

세일즈 행위는 짧은 기간에 성과를 바라고 하는 일이 아니기 때문에 앞으로 얼마만큼 판매하겠다는 목표의식을 세워야 한다. 기업은 80%의 지성과 20%의 감성으로 고객에게 다가가 상품을 판매하지만, 고객은 역으로 80%의 감성과 20%의 지성에 의해 상품을 구매하는 경향을 보인다. 엄밀히 말하면 현대인은 모두가 다 세일즈를 하면서 살아가고 있다. 자기 자신을 소개하고 드러내는 일부터가 세일즈다.

세상 모든 사람은 소비자와 세일즈맨 두 부류로 나눌 수 있다. 프로 세일즈맨 역시 자신이 몸담고 있는 전문 영역이 아닌 분야에서는 소비자일 따름이다. 상품의 기능만을 앵무새처럼 쏟아내는 세일즈맨, '팔고 나면 끝'이라고 생각하는 무책임한 세일즈맨, 불충분한 상품 지식으로 신뢰를 주지 못하는 세일즈맨은 결국 외면당하고 만다.

고객과 공감을 나누는 커뮤니케이션 기술, 세일즈맨으로서의 자부심을 가진 사람에게서 자연스럽게 표출되는 깔끔한 매너, 자신이 취급하는 상품에 대한 기본적인 애정과 전문적인 지식, 고객의 문제를 자신의 상품과 정보를 총동원하여 해결하려는 열정, 그리고 고객의 마음을 편안하게 해주는 따뜻한 미소를 지닌 세일즈맨이 되는 것이 컨설턴트로서의 자세다.

첫째도 상대방, 둘째도 상대방이다. 상대방의 요구와 반응에 따라 자신이 달라져야 한다. 따라서 어떠한 것도 절대적인 법칙이란 있을 수 없다. 항상 변하기 마련이며 맞추어가야 한다. 시장 여건과 고객에 따라 마케팅과 세일즈도 변해야 한다. 따라서 상품 중심의 세일즈에서 고객 맞춤 세일즈로 발전해야 한다. 제아무리 기가 막히게 좋은 제품이어도 상대방이 관심이 없거나 흥미가 없다면 무리하게 권유할 수 없다. 인내심을 갖고 기다려야 한다.

고객맞춤 세일즈는 고객 한 사람 한 사람의 특성에 따라 맞춤 판매를 하는 것이므로 질문을 통해 고객의 필요를 파악해 혜택 중심으로 상품을 설명해야 한다. 따라서 세일즈맨은 전문적인 상품 지식을 바탕으로 고객을 이해하고 도움을 줄 수 있는 고객 컨설턴트로 거듭나야 한다. 이렇게 거듭나기 위해서는 많은 세일즈맨들이 일류 세일즈맨이 될 수 있도록 조직에서 교육 프로그램을 지원하고 양성하는 시스템을 갖춰야 한다. 끊임없는 교육만이 성공으로 가는 열차가 된다.

네트워크 비즈니스를 하는 독자들 중에는 세일즈라는 말이 거슬릴 수도 있을 것이다. 그러나 상론했듯이 통상적으로 세일즈는 모든 커뮤니케이션을 통한 비즈니스의 꽃이다. 모든 직업의 대명사가 될 수 있다.

05

프로 중의
프로처럼

우리나라는 예로부터 사농공상(士農工商)이라는 엄격한 신분 차별에 따라 선비를 우대한 반면 상인을 천하게 여겨왔다. 이러한 잘못된 직업관이 오랫동안 이어져 왔지만 세상이 바뀌면서 사람들의 인식도 크게 변했다. 이제는 너 나 할 것 없이 부자가 되는 가장 확실한 방법으로 기업을 운영하거나 장사를 해야 한다고 입을 모은다. 예전과 달리 요즘에는 세일즈맨으로 성공한 사람들도 주변에서 쉽게 찾아볼 수 있으며, 특히 세계 초일류 기업의 설립자나 CEO 중에 세일즈맨 출신들이 많다. 이처럼 세일즈가 성공으로 갈 수 있는 현실적인 대안으로 떠오르면서 세일즈맨이 점차 사회적으로 인정받는 직업군으로 부상하고 있다.

'경영의 신'으로 일본 재계에서 추앙받는 마쓰시타 고노스케(松下幸之助)는 초등학교도 졸업하지 못한 채 오사카의 한 자전거 점포에서 점원으로 처음 일을 배우기 시작했다. 이때부터 장사란 무엇이고, 어떻게 하면 고객에게 효과적으로 다가가는지 조금씩 터득해서 마침내 '마쓰시타 전기산업(松下電器産業)'을 세계 굴지의 가전회사로 키우게 되었다. 이들 제품은 파나소닉(Panasonic), 퀘이서(Quasar), 내셔널(National), 테크닉스(Technics), 빅터(Victor), 제이브이씨(JVC)라는 상표로 판매되었다.

"나는 하늘로부터 3가지 은혜를 받고 태어났습니다. 가난과 허약 그리고 무지입니다. 가난은 부지런함을 낳았고, 허약함은 건강의 중요성을 깨닫게 해주었고, 못 배웠다는 사실은 늘 배워야 한다는 것을 가르쳐 주었습니다."

세계 최대의 할인점 '월마트'를 세운 샘 월턴(Sam Walton)도 JC페니 백화점의 점원으로 사회에 첫발을 내딛어 백화점 설립자인 페니에게서 손님을 맞이하는 태도, 상품을 설명하는 방법, 포장하고 인사하는 요령에 이르기까지 세일즈의 기초부터 배워서 JC페니의 점장 자리에 올랐다.

이후 자신의 고향인 아칸소주의 작은 마을로 돌아가 후에 세계 최대의 기업으로 성장한 '월마트'를 운영하기 시작한다. 아직도 월마트에서는 샘 월턴이 점원 시절 JC페니에서 배웠던 판매기술과 서비스가 전수되고 있다. 세계 최고의 부호자리까지 앉은 그는 자신의 성공의 법칙을 이렇게 말한다.

1. 사업에 확신이 들면 곧바로 전념하라. 그리고 그 일을 사랑하라.

2. 이익을 동료들과 나누고, 그들을 동등한 파트너(동반자)로 대우하라.

3. 파트너들을 자극해서 도전하게 만들어라.

4. 모든 정보를 파트너들과 공유하고 이익을 위해 정보를 나누어라.

5. 항상 동료들에 감사하라.

6. 성공을 자축하고 긴장을 풀며 열정을 잃지 마라.

7. 경청하라. 사람들과 대화를 나누고 그들이 알고 있는 것을 배우려고 노력하라.

8. 고객이 원하는 것 그 이상을 주도록 하라.

이것은 네트워크 비즈니스인들에게도 도움이 되는 조언이다. 독일의 시인 괴테(Johann Wolfgang von Goethe)가 '첫 단추를 잘못 끼우면 마지막 단추를 끼울 구멍이 없다'고 말한 것처럼 네트워크 비즈니스의 정신은 세일즈의 시작이자 가장 근본이 된다. 샘 월턴은 또 "가장 유능한 사람은 배우기에 힘쓰는 사람이다"라고 하며 "인생은 배움으로 의지가 생기고 그 의지와 감정이 섞여 나온 일이 예술"이라고 했다.

세일즈는 전략이 필요하다. 뛰어난 프레젠터는 철저하게 준비한다. 같은 품질의 같은 물건이라도 어디에서 어떻게, 어떠한 서비스로 파느냐가 매우 중요하기 때문이다. 즉, 뛰어난 프레젠터는 최고의 서비스를 파는 전문가다. 나는 얼마짜리 프레젠테이션을 팔고 있나 항상 뒤돌아봐야 한다.

고객들은 대부분 복잡한 것보다 쉽고 간략하고 명료한 것을 선호한다. 거창하게 멋있게 만든다고 설명 자료를 복잡하고 어렵게 만들 필요는 없다. 특히 참가하는 상대방의 눈높이에 따른 자료 준비가 대단히 중요하다 할 수 있다.

정보 전달이 핵심이다. 객관적 근거나 증거물로 설득해야 한다. '보는 것이 믿는 것(Seeing is believing!)'이란 말이 있다. 청중과 고객을 설득하는 가장 좋은 방법은 객관적인 근거와 증거를 제시하는 것이다.

자칫 욕심이 과해서 많은 제품을 소개하고 싶어진다. 그러나 상대방은 냉정하다. 하나만이라도 들을까 말까다. 바구니 하나에 한 개의 계란만 담아라. 한 장의 시트에 한 개의 비주얼을 담아야 한다. 이 방법이 오히려 상대를 설득하거나 또는 이해를 시키는 측면에서도 매우 효과적이다.

타인의 이야기에 집중할 수 있는 심리적인 시간이 약 20~30분 정도라고 심리학자들은 주장한다. 뛰어난 프레젠터는 이러한 청중들의 심리적인 면까지 고려하여 진행한다. 물론, 진행하는 프로젝트나 또는 그 업무 상황에 따라 약간씩은 다를 수도 있을 것이다. 그러나 기본적으로 고객과 청중을 배려하는 마음으로 시작한다면 보다 좋은 결과를 얻을 수 있을 것이다.

상대방을 설득해야 하는 프레젠테이션에서는 확신에 찬 언행은 대단히 중요하다. 제품에 대한 충분한 사전조사와 더불어 풍부한 지식, 그리고 조직이나 또는 회사에 대한 자부심을 갖는 것 등은 당신을 더욱더 당당하고 확신에 찬 프레젠터로 만들어 줄 것이다.

최고의 전문가인 것처럼 행동하라. 전문가는 타고나는 것이 아닌 만들어지는 것이다. 어느 날 자고 일어나 보니 '최고의 전문가가 되어 있더라!' 하는 이야기는 소설 속에서나 있을 법한 이야기이다.

세계적인 자기계발 전문가 데일리 카네기는 프레젠테이션을 잘하는 방법 중의 하나가 바로 자기가 '전문가인 것처럼 행동하는 것'이라고 말했다. 이는 마치 당신이 프로 중의 프로인 것처럼 행동하라는 말이다. 이렇게 프로처럼 행동하다 보면 자기도 모르게 프로가 된다.

여기서 '척하기' 방법은 꽤 쓸모가 있다. 자신감이 없으면 '자신감 있는 척하면 된다', 프로의식이 몸에 배어 있지 않다면 '프로인 것처럼 하면 된다', 행복하지 않다면 '행복한 척하면 된다', 우울하면 '우울하지 않은 척하면 된다'. 어찌 보면 바보같이 쉬운 말이다.

자신을 낮추고 상대방의 마음을 사로잡는 것은 단 몇 번의 강의나 훈련으로 이루어질 수 없다. 부딪치고 깨지면서 경험해 보아야 자신만의 대응법을 터득할 수 있다. 프로 중의 프로가 되는 날까지 열정을 멈추지 말자.

06
더욱 특별하게 보이는 힘, 스토리텔링

상품이나 브랜드 차별화를 위한 '스토리텔링 마케팅'은 이제 모든 기업의 필수 덕목이 되었다. 스토리텔링 마케팅(storytelling marketing)은 상품이나 브랜드에 얽힌 이야기를 가공·포장해 광고나 판촉 등에 활용하는 마케팅 기법으로, 기업들은 상품개발·광고제작 과정이나 캐릭터 등과 관련된 뒷이야기를 소비자들에게 전달해 자사의 상품이나 브랜드에 대한 관심을 제고시킨다. 광고에 인기 있는 유명 연예인을 쓰는 이유도 바로 이러한 이유다.

스토리텔링 마케팅은 단순히 상품을 구입하는 것이 아니라 그 상품에 담겨 있는 이야기를 즐기도록 하는 감성지향적 마케팅 활동이다. 현대인은 감성에 의해 최종 결정을 내리기 때문이다. 감성 중심으로의 사회적 변화는 최근의 인터넷 비즈니스에서 여실히 나타나고 있다. 기존의 정보 중심 나열형 콘텐츠에서 엔터테인먼트 중심의 참여형 커뮤니티로의 변화를 들 수 있다.

최근 부쩍 괄목할 만한 성장을 보이고 있는 국내 사이트들 대부분이 엔터테인먼트와 커뮤니티가 결합되어 있다. 애니메이션, 영화, 음악 등의 다양한 엔터테인먼트 콘텐츠를 활용하여 고객의 감성코드를 자극하고, 게임, 채팅, 미팅 등을 통하여 직접 만나지 않아도 서로 교감할 수 있는 가상현실을 만들어낸다. 상품만이 아니라 상품에 담겨있는 멋진 이야기와 상품을 통해 만들어지는 이야기까지 함께 파는 것이다.

옥스퍼드 대학 세인트 앤소니 칼리지의 테오도르 명예교수는 "21세기에는 새로운 의식, 즉 단지 말하는 게 아닌 사람들을 변화시키는 이야기가 필요하다"고 했다. 진정한 이야기는 인생에 활기를 불어넣고, 정보를 전달하고 얻는 것 이상의 가치를 가져다준다는 것이다.

이야기는 골조만 있는 건축물에 살을 붙이는 것과 같다. 그의 저서 『대화가 우리 삶을 바꾸는 방식』에서 그는 "이야기를 들려주면 내용을 이미지로 상상하며 듣기 때문에 상대가 쉽게 기억한다. 이때 자신의 경험을 이야기해주면 좋다"고 하였다.

네트워크 비즈니스를 하는 사람으로서 상대에게 회사, 제품, 비전 등을 설명하고자 할 때 조심스러울 수 있다. 이때 제품이나 회사에 스토리를 입혀보자. 평소 엿, 떡, 휴지 등은 아무 의미가 없다가 입시철이 되면 '합격'이라는 타이틀을 달면서부터 강력한 의미 부여가 된 것처럼 말이다.

제품이 스토리텔링 마케팅을 만나면 가치가 몇 배나 상승한다. 가치를 부여받은 제품은 곧바로 공감과 신뢰감을 얻고 지갑을 열리게 한다. 파리의 카페와 술집, 공연장, 극장 등은 가는 곳곳마다 역사와 이야기가 넘쳐흐른다. 문화재로까지 승격될 정도로 이제 이야기는 모든 것을 아우른다. 시설이 낙후될수록, 의자가 옛것일수록 더 값어치가 부여된다.

이제는 이야기가 날개가 되어 날아가는 시대가 되었다. 스토리텔링으로 옷을 입히고, 날개를 달아 사람들 사이를 날아다니게 해야 한다. 이야기에는 그런 힘이 있다.

07

상대의 심리를 파악하는 것이 1순위다

상대방에게 나를 잘 알리기 위해서는 우선 나의 호감도를 높여야 한다. 꼭 미인, 미남만 호감을 얻을 수 있는 것이 아니다. 태도와 자세, 표정, 말투, 목소리 톤, 겸손함 등이 버무려져서 나만의 아우라를 꽃피워야 한다.

사람은 자기 자신에게 가장 관심이 많다. 나는 소중하니까. 단체사진을 찍은 사진을 받아도 다들 각자 자기 얼굴만 본다. 이런 심리를 잘 파악해야 한다. 그렇다면 네트워크 비즈니스 세일즈맨으로서 상대의 마음을 얻으려면 어떻게 해야 할까?

첫째, 이름을 자주 불러준다.

자신이 상대방과 매우 밀접하게 관계하고 있다는 것을 강하게 인식시키기 때문이다. 이름을 불러준다는 것은 곧 한 인간으로서 대우

해주는 것이다. '선비는 자신을 알아주는 사람을 위해 죽는다'는 말도 있다. 마음을 통솔하기 위한 첫걸음은 사람을 아는 것이다. 그 사람을 아는 첫걸음은 이름을 기억하고 부르는 것에서 시작한다.

그 이후 단순 접촉도 호감을 갖게 하는 효과가 있다. 아무리 못생긴 얼굴이라도 TV에서 자주 비치면 그 얼굴이 익숙해지는 것과 마찬가지이다. 자주 만나고 연락하면서 친근감을 상승시킬 수 있다.

둘째, 양면 작전으로 상대를 함락시켜라.

협상 테이블에서 양자택일하라는 방법도 때로는 유효하다. 그러나 이것은 절대 유리한 입장에 서 있을 경우에서만이다. 협박으로 불안감을 조성하여 억지로라도 참여시키게 하는 방법은 일시적으로 효과는 있을 수 있지만 오래 사용할 수 없으며 상대방으로 하여금 후유장애를 유발시킬 수 있다. 강제적인 방법은 저항을 동반한다. 언젠가는 상대방으로 하여금 상대의 반발심과 불만, 원한, 시샘을 불러일으킨다.

그러나 가끔은 이러한 종류의 정보 전달도 효과는 있다. 니코틴 때문에 망가진 폐 사진을 보여주고 암의 여러 가지 증상을 열거하면 긴장도는 즉각적이다. 그림이나 사진, 도표 등은 설명을 대신해주는 강력한 도구이다. 따라서 엄하고 적극적인 강경한 설득을 한편, 친근감이나 신뢰감을 가진 부드러운 설득을 동시에 사용하는 양면 작전을 구사하는 것이 이상적이다.

셋째, 밴드왜건(Bandwagan) 효과를 공략하라.

밴드왜건이란 축제가 벌어지는 거리를 리드하는 악대차를 말하는데, 이 밴드가 지나가면 축제의 분위기는 한층 고조된다. 따라서 보는 사람도 떠들썩한 음악의 분위기에 끌려들어가 마치 허공을 나는 것처럼 마음이 들뜨게 된다. 이 흡인효과를 '밴드왜건 효과'라고 한다. 대중적으로 고조되는 분위기를 조성하면 그것이 대세인 것으로 보고 따라가려고 하는 심리효과이다. 유명 연예인을 광고모델로 사용하는 이유도 이 효과 때문이다.

심리적 동조를 유도하는 밴드왜건은 현대인의 타인지향형 성격을 그 배경으로 한다. 즉, 남의 의견이든, 주위의 평가 등에 의지하면서 안테나와 레이더를 설치해놓고 이를 통해 타인이 어떻게 생각하고 행동하는가를 재빨리 알아차려 자신의 행동을 조정하는 특성을 갖는다.

밴드왜건은 결정을 망설이는 사람의 마음을 무리 없이 자기 편으로 끌어들이는 심리 전략이다. 유명인이나 전문가, 연예인 등이 좋아하는 것이라거나 현재 사용하고 있다거나 하는 식의 발언도 어느 정도 밴드왜건 효과를 이용한 것이다. 더구나 네티즌들의 한 마디 한 마디는 굉장한 파급효과를 내고 있다. 어찌 보면 디지털 매스미디어의 폭격 속에 사람들의 몰개성화와 일률적인 가치 주입은 여기에서 오는 폐해가 되기도 한다. 최근의 인터넷을 통한 여론몰이는 이런 현상을 가장 특징적으로 보여준다.

넷째, 호감을 유도하는 칭찬 기술을 이용하라.

　　칭찬은 가까운 사람보다 그다지 가깝지 않은 사람, 전혀 모르는 제
3자로부터 들을 때 훨씬 효과적이다. 칭찬을 할 때는 우연과 의외성
을 연출하면 칭찬의 신뢰도가 높아진다. 다른 사람 앞에서, 그리고 갑
자기 칭찬하는 것이다. 마치 준비해뒀다가 하는 칭찬은 듣는 상대방
에게 불쾌감과 뻔한 체면치레로 비춰질 수 있다. 설사 그렇다 하더라
도 칭찬을 할 때는 간결하게 해야 여운이 남는다. 작은 일, 사소한 것,
생각지도 못했던 것부터 칭찬하자. 그냥 듣기만 해도 흐뭇해진다. 칭
찬을 받게되면 상대에 대한 빗장의 문을 쉽게 열 수 있다.

다섯째, 로우 볼 기술과 풋 인 더 도어 기술을 이용하라.

　　여러 가지 방법으로 시도해 보아도 힘들면, 거절할 수 없는 호조
건으로 일단 승낙을 받아내라. 처음에 좋은 조건을 제시해 수긍한 이
후라면 그 조건의 일부가 바뀌어도 결국은 승낙하고 싶어 하는 심
리가 있다. 이것을 의도적으로 이용한 세일즈법을 '로우 볼(Low-ball
Technique) 기술'이라고 한다. 화장품 샘플을 주고 그 제품을 찾게끔
하거나, 대형마트에서 시식코너를 두어 시식하게 한 후 사게끔 유도
하는 경우다.

　　상대방에게 다소 어려운 조건이라도 꾸준히 이야기하면, 그 다음
에 다소 약한 조건은 아무렇지도 않게 느껴진다. 하지만 어떠한 이야
기라도 즐거움을 주어야 한다. 유머는 큰 무기이다. 예상치 못한 유머
는 상대의 방심을 이끌어낸다.

다음은 '풋 인 더 도어(foot in the door) 기술'이다. 처음에 간단한 부탁이나 제의를 하면 상대가 쉽게 수락하는데, 일단 긍정적인 대답이 나오면 다음 부탁과 제의도 거절하기가 어려워진다.

최초의 예스로 인해 상대와의 심리적 거리도 줄어들게 되고 친근감도 생기기 때문이다. 하지만 결과적으로 이것으로 인해 상대로 하여금 '결국 속았네. 속았어'라는 마음이 들지 않게 해야 한다. 이 방법은 많은 주의를 요한다.

08

상품 자체보다는
마케팅이 더 중요하다

한 상인이 진주를 팔기 위해 시장에 나갔다. 사람들은 그 진주를 쳐다보지도 않고 관심도 없었다. 그러자 유명한 진주 감정사가 다가와 상인에게 말했다.

"훌륭한 물건을 알아보는 사람이 없으니 안타깝구나!"

"어떻게 해야 팔 수 있을까요?"

"질 좋은 향나무를 구하여 진주를 담을 함을 짜세요. 그런 다음 계피향으로 함을 물들이고, 외관에 정교하게 꽃문양을 새겨 넣고 금테 두리까지 두르십시오."

그렇게 하자 사람들이 몰려들어 진주 가격을 물어보았다. 진주 가격이 200금에 이르렀다. 그러나 팔지 말라는 진주 감정사의 조언대로 상인은 팔지 않았다.

둘째 날, 많은 사람들이 주위를 에워싸고 진주를 감상하였다. 진주감정사가 구경꾼을 헤치고 나오자 모든 사람들이 그 감정사를 주시하였다. 그러나 그 감정사는 아무 말 없이 고개만 끄덕이고 가버렸다. 침묵이 오히려 사람들의 마음에 불을 당겼다. 갑자기 사람들이 웅성거리더니 금세 2000금까지 가격이 올랐다. 그러나 상인은 배운 대로 여전히 팔지 않았다.

셋째 날, 상인은 조그만 방망이를 가져왔다. 함을 열자 마치 경매장처럼 군중들 속에서 가격을 제시하는 소리가 제각기 울려 퍼졌다.

"안타깝다. 조상 대대로 전해 내려온 세상에 보기 드문 진주가 겨우 2000금이라니, 정말 이 세상에 이 진주의 가치를 알아볼 수 있는 사람이 없는가. 가치를 알지 못하는 사람의 손에 들어가는 걸 두고 보지 못하겠다" 하면서 상인이 방망이를 들어 진주를 내리치려는 순간, 군중 속에서 한 사람이 뛰쳐나와 그의 손을 잡았다.

그는 3일 동안 시장에서 진주를 구경하고 간 사람으로 그 귀한 진주를 2만금에 사겠노라고 선언했다. 결국 2만금이 상인 손으로 들어왔다. 이 이야기의 숨은 뜻은 제품의 질도 안 좋아도 이런 속임수를 부리라는 것이 아니라, 제품만큼 스토리도 중요하다는 것이다.

자기 관리도 중요하다. 물건뿐만 아니라 그 물건을 파는 행위인 주인의 이미지도 상당히 중요한 부분을 이룬다. 개인의 이미지도 상품 관리와 마케팅 개념을 적용해야 한다. 시대 변화에 맞춰나가는 자세를 유지한다. 옷차림, 대화방식, 행동을 통한 이미지는 순간에 결정되지만, 비교적 정확하다.

첫인상은 언어 교류 그 이전에 시각적인 관찰로 형성된다. 만남의 장소에 들어설 때는 시선이 자신의 발이나 천장을 향하게 하지 말고 최대한 자연스럽게 사람들을 바라보며 미소를 지어야 하는 이유가 바로 이것이다. 가슴을 펴고 미소를 지으며 당당한 발걸음으로 들어가자. 미소를 지음으로써 자신의 감정을 가다듬을 수 있다. 급할 것이 없다는 인상을 심어주어야 상대의 마음도 가라앉히고 태도도 부드러워진다.

성숙한 이미지를 표현하기 위해서는 천천히 미소 지을 필요가 있다. 인사를 나눌 때 즉시 급하게 미소를 짓는다면 상대방은 '습관적으로 미소를 짓는구나' 생각하고 별다른 의미를 두지 않는다.

왕성한 열정은 소리를 크게 내거나 제스처를 크게 만드는 것을 가리키는 것이 아니다. 여유 있고 품위 있는 미소 하나만으로도 충분히 분위기를 이끌 수 있다. 일종의 자제심이다. 긴장을 풀고 밝은 이미지를 뿜기만 해도 좋다.

1950년대 마오쩌둥(毛澤東)이 그의 뒤를 이어 국가주석이 된 인물, 류사오치(劉少奇)와 1949~1976년까지 총리와 외교부장을 지낸 인물인 저우언라이(周恩來)에게 고양이에게 매운 고추를 먹이는 방법을 물었다.

류사오치는 "고양이를 잡아 입을 벌리게 하고 고추를 넣어 젓가락으로 밀어 넣는다"고 말했다. 강압적인 방법이다.

저우언라이는 "고양이를 3일 굶기고 고추를 고기 속에 넣어두면 고양이는 통째로 삼킬 것이다"라고 하였다. 극한의 상황까지 치닫게 하여 목적을 달성하는, 결국 남을 속이는 방법이다.

마오쩌둥은 "고추를 가루로 만들어 고양이의 엉덩이 사이에 바르면 화끈거리는 것을 느끼고 스스로 고춧가루를 핥아 먹을 것이다. 고양이는 자신이 스스로 문제를 해결한 것을 기뻐할 것이다"라고 말했다. 상대방의 적극성을 유도해 자발적으로 문제를 해결하는 방식이다. 자신을 또는 물건을 마케팅할 때는 마오쩌둥처럼 스스로 좋아하게 만들어야 한다.

특별한 비밀을 알려드립니다

　네트워크 비즈니스에서 성공한 사람, 국회의원, 재벌 등을 흔히 부정적인 시각으로 바라보는데, 필자는 이 생각에 동의하지 않는다. 이러한 사람들은 어디에선가 공을 쌓았을 것이고, 그 공과 덕에 운을 보태어 상승효과가 난 것이다. 그 이후의 태도와 자세는 사람마다 다르겠지만 말이다.

　이 세상의 운행은 모두 자기가 지은 대로 이루어진다. 지금은 남을 밟고 올라가야 성공하는 시대가 아닌 공감의 시대, 상생의 시대이다. 남과 손을 잡고 함께 올라서는 것이 성공의 올바른 자세이며, 설사 혼자 성공했다고 우기더라도 누군가의 도움이 있었던 것만은 분명하다.

　네트워크 비즈니스에서는 이러한 자세가 100% 필요하며 이러한 마음이 장착되어야만 한다. 결코 나 혼자만 성공하는 시스템이 아니기 때문이다. 그래서 네트워크 비즈니스는 더욱더 매력적이다. 이러한 자세와 함께 좋은 운을 불러오는 10가지 방법이 있다. 이러할 삶의 자세는 자신을 보다 긍정적으로 바꾸고, 좋은 운을 받을 준비를 하게 한다. 꾸준히 자신의 삶을 닦아내려가는 일종의 수행자다운 마음의 여유를 지녀야 할 것이다. 오랜 시간 전통적으로 중국에서 내려오는 명구가 있다.

> **운을 불러들이는 10가지 방법**
>
> 1. 여인위선(輿人爲善) 다른 사람을 선하게 대한다.
> 2. 애경존심(愛敬存心) 사랑하고 공경하는 마음을 지닌다.
> 3. 성인지미(成人之美) 다른 사람의 장점이 이루어지게 한다.
> 4. 권인위선(勸人爲善) 다른 사람에게 선을 권한다.
> 5. 구인위급(救人危急) 다른 사람의 위급함을 구한다.
> 6. 흥건대리(興建大利) 공공의 큰 이익을 일으킨다. 조직의 이익을 생각한다.
> 7. 사재작복(捨財作福) 재물을 서로 나누고 복을 짓는다.
> 8. 호지정법(護持正法) 시스템의 규칙을 준수하고 서로 약속을 지킨다.
> 9. 경중존장(敬重尊長) 존귀한 어른을 공경하고 중히 여긴다.
> 10. 애석물명(愛惜物命) 모든 생명을 아끼고 사랑한다.

옛 수행자들은 얻기 위해서는 먼저 놓아야 한다고 역설했다. 운명을 개선하는 것에 관한 가르침은 모두 놓아버리는 것에 관한 것이다. 버리라는 것은 돈이나 재물을 버리라는 것이 아니라, 먼저 욕망과 욕심, 망념들을 놓아버리라는 것이다. 이기심을 뽑아버리기 위해 자신을 이롭게 하는 생각들을 완전히 없애라고까지 말한다.

서양에서도 이와 비슷한 조언은 이어진다. 네트워크 비즈니스에서 포기하기 쉬운 순간은 친했던 사람에게 거절을 당하거나 핀잔을 받았을 때다. 사람 때문에 받는 스트레스가 가장 크게 다가온다. 직장을 그만두는 가장 큰 이유도 불편한 인간관계로 인한 것임이 여러 연구조사에서 드러나고 있다. 굉장한 스트레스다.

뉴욕시립대 심리학교수인 수잔 코바사(Suzanne Ouellette Kobasa) 박사는 미국 맨하탄의 CEO들 수백 명을 대상으로 '스트레스에 강인한 사람들의 특징'을 연구한 적이 있다. 똑같은 상황 속에서도 잘 헤쳐나가 사업을 성공시키고, 건강하고, 열심히 일하는 성공적인 CEO와 그렇지 못해 실패한 CEO를 구분해서 특성을 조사한 것이었다. 그는 스트레스에 강인한 사람은 '3C-stress hardiness'를 지녔다는 결론을 내렸다.

---

1. Challenge 도전 정신
2. Control 통제 능력
3. Commitment 몰입, 전념
(이후 벤슨이 2가지를 더 추가하였는데)
4. Closeness 친밀감
5. Coherence 응집성, 단결성

하버드대학의 정신과교수인 여키스-도슨(Yerkes-Dodson) 박사는 비즈니스스쿨의 기업가 정신건강에 대해서 다음과 같은 조언을 해주었다. 적당한 긴장감은 긍정적인 자세를 갖게 하는 좋은 인자라고 한다.

성공의 5L 인자

1. Love 사랑 인자(사랑은 열린 마음을 만들어준다.)
2. Learn 학습 인자(죽을 때까지 우리는 배워야 한다. 모르는 것이 너무

나 많기 때문이다. 겸손해질 수 있다.)

3. Labour 일 인자, 노력 인자(노력은 자신의 만족과 성취감을 주기 위한 발판이다.)

4. Laugh 웃음 인자(나 자신을 위해 웃고, 남을 위해 미소 지어주면 이 또한 좋은 일을 하는 것이다.)

5. Let it be 내려놓기 인자(집착이나 아집을 내려놓으라는 것이다. 오히려 강박감을 내려놓으면 새롭고 신선한 시각이 펼쳐질 수 있다.)

스트레스에 효과적으로 대처하기

1. Stop 스트레스 반응을 일단 멈춰라. 악순환을 끊어라.

2. Breath 스트레스의 불을 끄라. 심호흡을 하라.

3. Reflect 가만히 상황을 되돌아보고 반성한다.

4. Choose 효율적인 반응을 찾고 선택한다.

고대 인도의 요가에서 심호흡으로 부정적 스트레스 반응의 불길을 끄는 방법이 있다.

1. 편안한 자세로 앉는다. 되도록 좌선자세를 취해 몸이 삼각형이 되도록 유지한다. 이 자세가 건강한 기를 잘 돌리게 할 수 있다.

2. 상황에 따라 서서해도 된다. 앉으나 서나 자신의 호흡을 관찰할 준비를 한다.

3. 눈을 감고 한 손을 배꼽 바로 아래에 올려놓는다.

4. 깊이 천천히 숨을 들이킨다. 숨을 들이킬 때 아랫배의 손이 위로 올라가는지 본다.

5. 코로 5초 들이쉬고 코로 5초 내쉬기를 10번 살펴본다.

호흡 없는 명상은 없으며 아랫배로 들이쉬고 내쉬는 복식호흡이 도움이 된다. 이러한 심호흡의 효과는 안정적으로 만들어준다. 반대로 분노, 공포, 슬픔, 불안, 우울과 같은 정서 상태일 때는 불규칙적이고 얕은 가슴 호흡을 하게 된다. 화가 나면 가슴 호흡을 하게 된다.

맹수들은 심호흡을 한다. 자연의 이치를 보면 불안한 동물들은 깊은 호흡을 할 수가 없다. 갓난아기들은 심호흡을 한다. 그러다가 궁지에 몰리면 점차 호흡이 위로 올라간다. 죽을 때가 가까워지는 것은 드디어 숨이 목까지 차오르는 것이다.

호수의 물이 출렁이다가 고요해지면 물이 맑아지고 물속도 훤히 보이는 이치가 바로 우리의 마음과 같다. 몸이 이완되면 온갖 생리적인 과잉활동이 안정적인 상태로 돌아가 질병을 예방하며 평화롭게 만든다.

신호에 걸려 대기할 때 짜증 내지 말고 심호흡을 하자.

새로운 일을 시작하기 전에 황급하게 막 뛰어들지 말고 심호흡을 하고 시작하자.

병원에 가서 진료순서를 기다릴 때도 심호흡을 하자.

약속시간을 기다릴 때도 심호흡을 하자.

지인에게서 거부나 창피를 당했을 때도 물론 심호흡을 하자.

나의 비전 카드

예) BEST 스피커를 위한 비전

	3개월 후 나의 스피치 성공 비전
나의 목표	네트워크 비즈니스에서 인정받는 최고의 스피커가 되겠다.
	상대방을 배려하는 따뜻한 스피커가 되겠다.
	어떤 내용이든 짧은 시간 안에 정리해서 전달할 수 있도록 하겠다.
실천사항	1. 관련 서적과 비즈니스 서적을 총 6권 이상 읽겠다.
	2. 어떤 모임이나 미팅에도 결석하지 않겠다.
	3. 내가 말할 내용을 철저히 준비하고 거울을 보고 연습하겠다.
	4. 사람과의 만남을 두려워하지 않겠다.
약 속	이 모든 것을 지킬 것을 약속합니다. 2015년 9월 1일 (인)

- -

	_____ 의 성공 비전
나의 목표	
실천사항	
약 속	이 모든 것을 지킬 것을 약속합니다. _____년 ___월 ___일 (인)

참고 문헌

『명품 대화법』이현정 저

『5분 스피치에 내 모든 것을 걸어라』이현정 저

『행복을 부르는 힐링유머』성원숙, 임미화 저

『베이비붐 시대 창업하기』이영권 저

『남다르게 결단하라 – 한비자처럼』신동준 저

『그때 한비자를 알았더라면』한비 저, 손영석 옮김

『공감의 시대』제러미 리프킨 저, 이경남 옮김

『World 3.0』판카즈 게마와트 저, 김홍래, 이영래 옮김

『톰 피터스의 미래를 경영하라』톰 피터스 저, 정성묵 옮김

『레오나르도 다빈치처럼 생각하기』마이클 J.겔브 저, 공경희 옮김

『새로운 미래가 온다』다니엘 핑크 저, 김명철 옮김

『사기(史記)』사마천 저

『한비자(韓非子)』한비 저

『논어(論語)』

『장자(莊子)』